I0567109

DISCLAIMER

The author and publisher are providing this book and its contents on an "as is" basis and make no representations or warranties of any kind with respect to this book or its contents. The author and publisher disclaim all such representations and warranties, including but not limited to warranties of merchantability. In addition, the author and publisher do not represent or warrant that the information accessible via this book is accurate, complete, or current.

Except as specifically stated in this book, neither the author nor publisher, nor any authors, contributors, or other representatives will be liable for damages arising out of or in connection with the use of this book. This is a comprehensive limitation of liability that applies to all damages of any kind, including (without limitation) compensatory; direct, indirect, or consequential damages; loss of data, income, or profit; loss of or damage to property; and claims of third parties.

BESTACTIVITYBOOKS.COM

FIRST EDITION - Published 2022

Extra Graphic Material From: www.freepik.com
Thanks to: Alekksall, Starline, Pch.vector, Rawpixel.com, Vectorpocket, Dgim-studio, Upklyak, Macrovector, Stockgiu, Pikisuperstar & Freepik.com Designers

This Book Comes With Free Bonus Puzzles

Available Here:

BestActivityBooks.com/WSBONUS20

5 TIPS TO START!

1) HOW TO SOLVE

The Puzzles are in a Classic Format:

- Words are hidden without breaks (no spaces, dashes, ...)
- Orientation: Forward & Backward, Up & Down or in Diagonal (can be in both directions)
- Words can overlap or cross each other

2) ACTIVE LEARNING

To encourage learning actively, a space is provided next to each word to write down the translation. The **DICTIONARY** allows you to verify and expand your knowledge. You can look up and write down each translation, find the words in the Puzzle then add them to your vocabulary!

3) TAG YOUR WORDS

Have you tried using a tag system? For example, you could mark the words which have been difficult to find with a cross, the ones you loved with a star, new words with a triangle, rare words with a diamond and so on...

4) ORGANIZE YOUR LEARNING

We also offer a convenient **NOTEBOOK** at the end of this edition. Whether on vacation, travelling or at home, you can easily organize your new knowledge without needing a second notebook!

5) FINISHED?

Go to the bonus section: **MONSTER CHALLENGE** to find a free game offered at the end of this edition!

Want more fun and learning activities? It's **Fast and Simple!**
An entire Game Book Collection just **one click away!**

Find your next challenge at:

BestActivityBooks.com/MyNextWordSearch

Ready, Set... Go!

Did you know there are around 7,000 different languages in the world? Words are precious.

We love languages and have been working hard to make the highest quality books for you. Our ingredients?

A selection of indispensable learning themes, three big slices of fun, then we add a spoonful of difficult words and a pinch of rare ones. We serve them up with care and a maximum of delight so you can solve the best word games and have fun learning!

Your feedback is essential. You can be an active participant in the success of this book by leaving us a review. Tell us what you liked most in this edition!

Here is a short link which will take you to your order page.

BestBooksActivity.com/Review50

Thanks for your help and enjoy the Game!

Linguas Classics Team

1 - Antiques

ڈ	ر	ٹ	ک	ی	ل	ک	ض	غ	چ	ط	م	ز	ے	ک	س
ت	چ	ٹ	د	م	ئ	غ	ی	ر	م	ع	م	و	ل	ی	م
ن	ی	ص	ث	ا	ا	ے	ڈ	ر	ی	غ	ڑ	ظ	ڈ	ح	ص
ٹ	ن	و	ع	ل	ٹ	ل	ک	ا	ر	ط	ح	ے	ص	ڈ	ب
ش	ر	ه	ي	ی	س	ا	ر	ث	ل	ک	ئ	ب	ف	ی	ف
ص	ف	پ	ی	ن	ٹ	ن	گ	ز	ی	چ	ظ	خ	ھ	ف	ظ
ٹ	ج	م	ر	ب	ح	ا	ل	ی	گ	-	و	-	ط	ق	ٹ
ذ	ع	س	ا	ظ	ع	ر	ٹ	ی	ث	ب	م	پ	ح	ک	ع
و	ع	ت	ک	ں	آ	پ	چ	ژ	ص	ث	ج	ق	ف	ں	گ
و	ث	ن	ه	ڑ	خ	ُ	ی	و	خ	ح	س	ڈ	ظ	ُ	ق
خ	ع	د	ی	س	ذ	ذ	ر	ف	ؤ	ي	م	ي	ي	ت	ع
ؤ	ن	ض	ا	ژ	ص	ت	ن	ن	ض	ل	ه	ه	ض	ا	ط
ث	س	ع	م	گ	پ	م	ک	ک	ؤ	ڑ	ُ	ڑ	ت	ه	و
ب	و	و	ر	ي	ض	ی	چ	چ	ژ	ی	ش	ئ	ا	ر	آ
ڈ	ش	ب	س	و	ڈ	ق	س	ھ	غ	ی	ذ	ص	ڑ	ح	گ
ر	ج	غ	-	ف	ه	پ	ک	ں	ئ	ں	ک	ی	چ	ق	ط

فن
نیلامی
مستند
صدی
سکے
کلیکٹر
آرائشی
خوبصورت
فرنیچر
گیلری

سرمایہ کاری
پرانا
پینٹنگز
قیمت
معیار
بحالی
مجسمہ
سٹائل
غیر معمولی

2 - Food #1

ھ	ح	م	ت	ہ	خ	م	ں	ل	ز	ن	خ	ث	د	خ	ش
د	ا	ر	چ	ی	ن	ی	ب	د	س	ا	و	چ	چ	ٗ	ل
ں	ا	س	ج	ر	ن	ق	ز	ژ	ہ	ش	ب	ج	و	ر	ج
س	ا	س	ٹ	ر	ا	ب	ی	ر	ی	پ	ا	ژ	ز	س	م
ن	ٹ	ی	ڈ	ژ	چ	ؤ	ن	ج	ل	ا	ن	و	ٹ	ر	آ
م	ب	ٹ	ر	ع	ا	ص	ی	ا	ف	ت	ی	ئ	ض	ں	ا
ک	و	ی	ک	ا	پ	ظ	چ	گ	گ	ی	ئ	ث	ز	ن	ظ
ئ	ث	ٗ	ج	آ	ک	ا	چ	خ	ن	ل	ش	س	ل	و	ڈ
ں	ھ	ٗ	ک	غ	ف	ر	ل	ئ	و	ہ	ز	د	ٹ	ہ	آ
ں	ب	ا	ژ	م	ھ	ے	ت	ک	م	س	ؤ	ع	ٗ	ف	ی
ع	ؤ	ؤ	ث	ں	ض	ئ	ح	گ	ج	ن	-	ط	پ	ڈ	م
ج	ھ	ل	ھ	ں	ث	ں	ص	ژ	ہ	خ	آ	ب	ڈ	ع	آ
ٗ	ے	ث	ؤ	د	ف	ج	ٹ	ٹ	ا	ب	م	ت	ل	س	ی
ز	ں	ی	ف	س	و	پ	ف	ط	ب	ت	ک	و	ل	ل	ح
ج	ف	ي	ٹ	ھ	ث	د	ئ	چ	چ	غ	و	ہ	ض	ص	ص
خ	-	چ	ن	ی	ب	و	پ	ی	ا	ز	پ	ت	ض	چ	آ

خوبانی
جو
تلسی
گاجر
دار چینی
لہسن
رس
نیبو
دودھ
پیاز

مونگفلی
ناشپاتی
ترکاریاں
نمک
سوپ
پالک
اسٹرابیری
چینی
ٹونا
شلجم

3 - Measurements

ب	ڑ	ے	پ	ی	م	ا	ن	ے	پ	ر	ل	ڈ	ن	ٹ	ن
ط	ت	ئ	ب	ں	ژ	س	ش	ژ	ظ	گ		ط	ا	ن	ے
چ	د	م		پ	ص	ڑ	ل	ص	ز	ث	ظ	ل	خ	ي	ي
ڈ	ف	ح	ف	ز	ر	ک	د	ي	ص	ح	ب	ھ	ث	ص	
ٹ	ح	ي	ٹ	ئ	م	خ	س	ح	ں	ج	ک	ه	چ	ي	ن
ا	و	ن	چ	ا	ئ	ی	ر	گ	ڈ	م	م	ھ	ظ	م	ص
ل	ع	ط	ض	ن	ذ	ی	ٹ	ؤ	ي	ا	ؤ	ژ	ه	ش	س
ظ	ب	ر	ھ	ب	ا	ل	ی	ه	ی	ر	ا	ش	ع	ا	س
ج	ژ	ٹ	ی	غ	س	ی	م	ز	ئ	گ	ڈ	ع	ھ	ت	ز
ا	گ	ی	ن	ز	و	ٹ	و	ج	ا	و	ل	ظ	س	ڑ	ض
ذ	پ	م	ز	م	ب	ر	ل	ب	ڑ	ل	م	د	ں	پ	خ
ا	ه	ی	آ	ه		ب	ک	ا	و	ک	ب	ض	ع	ه	ه
ا	و	ٹ	ن	-	ڈ		پ	ئ	چ	س	ا	ط	ڑ	ن	آ
ظ	ز	ن	ں	ي	ا	و	ں	ٹ	ت	د	ئ	م	ی	ٹ	ر
پ	آ	ی	س	ج	ق	ف	گ	ر	ا	م	ی	ٹ	ن	ح	س
ف	ل	س	ڑ		ح	ط	ا	ے	ض	گ	ه	ر	ا	ئ	ی

بائٹ
سینٹی میٹر
اعشاریہ
ڈگری
گہرائی
گرام
اونچائی
انچ
کلوگرام
کلومیٹر

لمبائی
لیٹر
بڑے پیمانے پر
میٹر
منٹ
اونس
ٹن
حجم
وزن
چوڑائی

4 - Farm #2

ی	ڑ	د	و	د	ھ	ذ	-	ے	ق	ل	ت	ل	ض	ہ	ئ
م	ی	ڈ	و	ض	غ	د	گ	س	ڑ	ي	ڈ	ا	ؤ	ں	ط
ں	ھ	ھ	ج	خ	ظ	آ	ی	ث	ط	ا	ع	م	ز	ج	ی
و	ب	خ	ث	ش	س	چ	ن	ک	ُ	چ	ھ	ا	ُ	ش	ت
ر	ا	ط	ج	ا	ن	و	ر	و	ں	ي	آ	ٹ	ب	ب	ا
ہ	ر	ب	خ	ح	ف	ب	پ	ظ	س	ٹ	ر	ی	ک	ٹ	ر
خ	ن	ت	ھ	ی	ی	ذ	ر	ھ	ؤ	ب	ک	و	م	ن	ي
ث	ع	ح	چ	ظ	ي	ں	ب	ش	ل	م	ز	ث	ی	ڑ	ل
ف	ھ	ج	ر	ح	گ	ا	ا	ث	ز	ؤ	آ	ی	ں	-	خ
ک	ج	ژ	ح	خ	ئ	آ	ع	چ	آ	ش	چ	م	ش	پ	ن
غ	س	ح	غ	ں	و	ں	ح	خ	ک	چ	ع	ک	چ	ڈ	ژ
پ	غ	ے	چ	ہ	خ	ر	ں	ک	ر	ؤ	ط	ئ	ڑ	ع	ل
گ	ق	ذ	گ	ط	غ	ؤ	ا	ا	ھ	ل	ر	ی	گ	و	س
ہ	ب	ز	ک	س	ا	ن	ط	ژ	ر	ا	ژ	ج	ن	گ	پ
آ	ب	پ	ا	ش	ی	آ	ض	خ	ب	غ	ن	ش	د	و	ض
ث	ؤ	پ	و	ض	ر	ب	ا	غ	آ	ر	ص	ا	م	ر	ُ

جانوروں
جو
بارن
مکئی
بطخ
کسان
کھانا
پھل
آبپاشی

برہ
لاما
میڈو
دودھ
باغ
بھیڑ
ٹریکٹر
سبزی
گندم

5 - Books

ف	ن	ص	م	د	و	ه	ر	ی	پ	ن	ے	ک	د	ظ	ئ
ح	ے	س	س	ے	ج	س	ؤ	آ	ظ	ھ	ی	ق	د	ث	ه
ص	ش	ی	ا	ت	گ	ؤ	ج	م	ش	ھ	ر	ژ	ٹ	ل	ڈ
ُ	ث	ر	ک	س	ه	ا	س	و	چ	ه	ع	و	م	ج	م
ژ	گ	ی	ب	ق	ی	ب	ه	ھ	ح	ژ	ا	چ	خ	ي	ُ
ت	ع	ز	ل	ل	و	ا	ن	ف	و	ر	ش	-	ج	ر	ؤ
ل	ؤ	ع	ر	ز	ر	آ	ص	ت	چ	ا	ڑ	ط	ح	خ	م
م	ت	ت	ت	ج	ق	ر	چ	ڈ	م	و	ر	ڈ	و	م	ک
م	ه	م	ا	ط	ج	ڈ	د	ا	ي	ی	ش	ر	ی	ڈ	ر
م	ُ	د	ر	ی	ع	ا	ر	ت	خ	ا	ئ	غ	م	ض	د
ز	ٹ	ق	ی	ن	ے	آ	ک	ا	ن	م	ل	ا	ز	س	ا
ا	ا	-	خ	ا	ض	ؤ	ح	ل	ھ	ظ	ع	ح	ر	گ	ر
ح	ا	ز	ی	ه	ص	ه	ھ	ئ	ر	چ	ن	ڈ	ق	گ	ظ
ی	د	ں	ا	ک	-	ي	ب	ک	آ	ک	ز	د	پ	د	ر
ه	ب	چ	و	ا	ھ	ر	ی	پ	ژ	ے	ا	ض	ؤ	ن	ذ
ز	ی	ن	ذ	آ	ک	ن	ں	آ	آ	ط	ق	ث	ن	ڑ	ت

سابسک
مصنف
کردار
مجموعہ
دوہریپن
رزمی
تاریخی
مزاحیہ
اختراعی
ادبی

راوی
ناول
صفحہ
نظم
شاعری
ریڈر
متعلقہ
سیریز
کہانی
المناک

6 - Meditation

ظ	و	ط	ل	ں	ظ	ش	ا	ژ	چ	ر	ح	ص	ي	م	گ
س	ث	ط	ي	د	ظ	د	غ	م	ر	ح	ر	خ	گ	ي	ث
ت	ی	ر	ں	ک	گ	ں	ز	ن	چ	ج	ک	ي	ں	ُ	-
ه	م	د	ر	د	ی	ق	ی	س	و	م	ت	ں	ے	آ	ھ
ؤ	ف	ص	پ	چ	ظ	ش	ط	ڈ	ُ	ب	س	ق	ش	ا	ے
ا	ذ	گ	ر	چ	ط	ن	ے	ی	ر	ا	ز	گ	ر	ک	ش
ج	ظ	ق	ن	ل	و	و	ح	ي	ه	ر	ف	ل	و	ن	ش
ت	ی	ل	و	ب	ق	ک	ل	ف	ف	ی	و	ں	ق	خ	ڈ
ا	ژ	و	ڑ	ؤ	ٹ	س	ط	خ	ت	ڑ	ه	ط	ُ	ق	چ
ب	ي	ش	ص	ی	-	ر	چ	غ	-	-	ه	ے	ذ	ي	س
ذ	ُ	ب	ش	خ	ت	پ	ع	ں	ر	ن	ر	ا	د	ی	ب
ج	ض	و	ھ	ا	ُ	ح	ا	ن	ظ	ا	ا	ی	ن	ه	ذ
ک	خ	ض	ا	م	ن	ب	د	ر	ق	آ	ح	غ	ا	م	د
ز	ل	ا	ت	و	ج	ه	ا	ڑ	ع	ے	س	-	غ	م	ف
ص	ي	ح	ظ	ش	ح	غ	ت	ڑ	ع	ں	ا	آ	ث	-	ج
خ	ک	ت	ع	ی	ت	ا	ل	ا	ی	خ	ن	ل	ڑ	ض	س

قبولیت
توجہ
بیدار
پرسکون
وضاحت
ہمدردی
جذبات
شکرگزاری
عادات
خوشی

احسان
ذہنی
دماغ
حرکت
موسیقی
فطرت
امن
نقطہ نظر
خاموشی
خیالات

7 - Days and Months

س	ا	ل	ڑ	-	ز	ئ	ب	ع	ا	ش	ي	س	ح	م	ف
ژ	ڈ	م	ط	ؤ	ژ	ر	چ	ت	پ	ی	ژ	و	و	ع	ٹ
پ	ئ	م	ل	ذ	ج	م	ع	ہ	ر	ُ	ظ	ق	ذ	م	ص
ڈ	ل	ک	-	ل	ی	گ	ڑ	آ	ی	ر	و	ن	ج	س	ڑ
م	ل	ل	ہ	ث	د	ل	ج	گ	ل	ق	ث	ے	پ	ص	ج
-	ئ	ا	ت	و	ا	ر	ک	س	ھ	ئ	م	ف	ھ	آ	خ
ا	ڈ	ی	آ	ہ	ذ	چ	ہ	ت	ف	ہ	ح	ث	گ	ج	ٹ
و	ک	ذ	گ	ز	ذ	ح	ط	م	ڈ	ظ	ب	گ	اُ	و	ظ
ک	ی	ل	ن	ڈ	ر	ل	ف	ب	ب	د	ھ	ف	ُ	ل	ع
پ	ں	خ	ص	آ	ط	گ	ی	ر	ت	و	گ	ط	ق	ا	ط
س	ں	خ	ذ	چ	غ	ن	ج	ب	ا	م	و	ذ	خ	ئ	آ
ا	ک	ت	و	ب	ر	م	ے	م	ف	ر	و	ر	ی	ی	ض
د	پ	س	ح	ض	ی	ا	ؤ	و	ع	ھ	ز	ط	ط	ش	ُ
ق	ش	گ	ُ	-	پ	ہ	م	ن	ٹ	ر	ا	ف	ي	ف	گ
ب	ش	ا	ڑ	م	ر	د	ژ	ا	ف	س	اُ	ث	ے	ظ	ٹ
-	ط	ڈ	ا	ش	ئ	س	ت	پ	ں	ح	ُ	ت	ت	ک	

اپریل
اگست
کیلنڈر
فروری
جمعہ
جنوری
جولائی
مارچ
مئی
پیر
ماہ
نومبر
اکتوبر
ہفتہ
ستمبر
اتوار
جمعرات
منگل
بدھ
سال

8 - Energy

ڈ	آ	ے	ژ	ق	گ	ر	م	ی	ک	ر	ٹ	ک	ی	ل	ا
ا	ی	و	ط	ا	ب	آ	ی	ر	د	ز	ر	ه	ک	ل	ی
ی	ُ	ز	خ	ب	ی	ل	ه	ه	س	ح	ز	و	ا	ئ	ن
ن	ح	د	ل	ل	ٹ	و	ث	و	ض	ب	ذ	ا	ے	ز	د
ٹ	خ	ت	و	ت	ر	د	ڈ	ج	ص	ش	ے	ش	ذ	س	ھ
ر	ف	ب	ر	ج	ی	گ	ح	ج	چ	ذ	ے	ظ	ش	ر	ن
و	و	ک	ٹ	د	ر	ی	ن	ا	ی	ت	ح	ص	خ	ی	ج
پ	ٹ	ط	پ	ی	چ	و	چ	ی	ه	ڑ	ٹ	ھ	ظ	ژ	و
ی	و	ھ	ک	د	ٹ	س	ک	ص	ن	ع	ت	ھ	آ	آ	ر
ط	ن	ب	ر	ا	ک	خ	ی	م	ف	ھ	ڑ	ں	ے	غ	ڈ
پ	ج	ش	ز	پ	گ	ل	ي	د	و	ض	م	ڈ	ف	ح	ی
ک	ن	م	ح	ں	پ	چ	ژ	ں	ا	ٹ	ي	ا	ث	ز	ئ
ڑ	ا	ظ	و	آ	ل	د	ن	ه	ی	ق	ر	ب	ح	ح	ا
ٹ	ر	ب	ا	ئ	ن	ے	ت	ف	ؤ	س	ط	ق	چ	و	ه
خ	چ	ص	ڑ	ق	ن	ے	ح	ڑ	ظ	ا	ظ	ع	ر	ا	ل
ن	و	س	و	ت	ز	ھ	ؤ	ے	ج	ث	ض	ژ	آ	ں	ں

بیٹری
کاربن
ڈیزل
الیکٹرک
برقیہ
انجن
اینٹروپی
ماحول
ایندھن
پٹرول

گرمی
ہائیڈروجن
صنعت
موٹر
جوہری
فوٹون
آلودگی
قابل تجدید
ٹربائن
ہوا

9 - Chess

ڈ	ش	ذ	ث	ز	ض	ح	ل	پ	آ	غ	ٹ	ج	خ	ق	ع
ے	ع	ر	د	گ	ر	ک	ا	ن	ل	ئ	ں	ہ	م	م	ج
چ	ی	م	پ	ئ	ن	م	ت	ی	ي	ی	ق	و	ا	ع	د
ت	ی	ز	ڑ	پ	چ	ت	خ	ذ	ت	ژ	ئ	چ	ڑ	ژ	ن
ي	ش	ص	ط	ے	ب	ع	س	گ	ہ	-	ج	ر	ي	ی	ڑ
ذ	ط	ض	ش	ہ	ٹ	م	ق	ئ	ئ	م	ج	-	ئ	ح	ز
ک	غ	ٹ	ٹ	ف	ہ	ل	ڑ	ز	ذ	خ	ع	ي	ا	چ	ض
ت	ق	و	ک	پ	آ	ی	-	ي	ئ	گ	ھ	ھ	ل	ژ	ج
ي	ر	ا	ی	ش	و	ہ	ا	ش	د	ا	ب	ک	ھ	ی	ل
ا	ب	ق	ع	ث	و	ل	غ	ی	ر	ف	ع	ا	ل	س	ت
ہ	ا	ی	س	ن	ٹ	ب	ٍ	ش	آ	ہ	ل	ک	ُ	ف	ک
ک	ن	س	ٹ	ن	ئ	ا	و	پ	ض	خ	ٹ	ا	م	ی	ڈ
ل	ی	ق	ط	ر	ی	ق	ں	ٍ	ب	ق	ج	ح	خ	د	ل
م	م	م	د	ٹ	ن	م	ا	ن	ر	و	ٹ	ا	و	م	ز
ے	ں	ح	ؤ	ز	ئ	-	ڑ	ہ	پ	ڈ	س	ے	ؤ	ج	ث
ئ	ذ	چ	ظ	ظ	ب	ت	ؤ	ش	غ	ر	ژ	ی	ئ	ذ	ق

سیاہ
چیمپئن
ہوشیار
مقابلہ
قطری
کھیل
بادشاہ
مخالف
غیر فعال

پلیئر
پوائنٹس
ملکہ
قواعد
قربانی
حکمت عملی
وقت
ٹورنامنٹ
سفید

10 - Archeology

ں	-	ئ	ئ	ہ	ش	ش	ز	ل	ث	ي	ز	ذ	ت	گ	ک
ظ	ؤ	س	ٹ	ق	-	د	ژ	ص	ج	-	ب	ر	و	آ	ڈ
ے	ک	ث	ق	ب	گ	پ	ڑ	ڑ	ہ	ث	ر	ئ	ق	ظ	ب
ض	م	ن	د	ر	ث	ز	ي	ب	ض	ٹ	آ	ذ	خ	ا	چ
ح	م	ط	ا	م	ز	ق	ہ	پ	ڑ	ھ	ز	ذ	چ	ذ	ب
ث		ر	ل	و	ھ	ب	ن	ش	ر	ڈ	خ	ج	ی	ذ	آ
ہ	د	ز	و	ل	ٹ	ٹ	ت	و	ز	ؤ	ل	پ	ا	ٹ	و
ک	و	ی	ا	ع	ک	چ	پ	ی	د	ر	گ	ا	ش	س	ق
س	ر	ث	ں	م	ڑ	ے	ٹ	پ	پ	ی	ث	خ	ی	ے	م
خ	ي	ب	ھ	ا	ے	گ	ی	ج	ق	-	ژ	ب	ا	د	ت
ب	ف	ث	ت	ن	غ	ص	ث	ئ	م	ٹ	ی	م	ء	ئ	ہ
ہ	ڈ	ی	و	ں	و	ش	ث	ا	ل	ح	ع	ی	ف	ہ	ذ
ؤ		خ	ي	ے	ع	ق	د	ت	س		ق	د	م	ؤ	ی
س	د	پ	ط	ن	-	ز	ق	ن	و	ر	ب	ق	ا	ی	ب
ت	ش	خ	ی	ص	ؤ	چ	ٹ	ن	ف	ع	ا	پ	ہ	ض	ت
ڑ	ب	ک	ذ	ت	ج	ز	ی	ہ	ب	پ	ڈ	ر	ر	ش	م

تجزیہ
قدیم
ہڈیوں
تہذیب
اولاد
دور
تشخیص
ماہر
نتائج
بھول
فوسل
ٹکڑے
اسرار
اشیاء
تبرک
محقق
ٹیم
مندر
قبر
نامعلوم

11 - Food #2

ڑ	ژ	ذ	ص	ا	ط	ئ	ف	ف	ڈ	چ	ي	ح	ف	-	ث
ں	ک	ڑ	ج	ن	گ	ن	ی	ب	ھ	ا	و	ہ	ے	پ	ں
ق	ذ	م	ز	ؤ	ک	ی	و	ی	ش	ک	ذ	م	ئ	ق	س
ھ	و	-	آ	ٹ	ٹ	-	ش	س	و	ل	ل	چ	ع	ژ	آ
د	ک	ا	ل	ی	ک	م	چ	ھ	ل	ی	م	ا	ی	ف	س
د	ف	ل	ز	ط	ہ	و	ي	آ	ر	ٹ	چ	و	ک	ذ	ُ
ی	ز	ؤ	ع	ت	ئ	ر	و	ُ	چ	خ	ي	ل	ڈ	ڑ	ج
ہ	آ	ُ	ر	ق	گ	ش	آ	ی	ے	ش	گ	ط	خ	ٹ	ؤ
ث	ب	م	چ	ک	ن	م	ر	ل	ژ	ُ	ط	م	م	ژ	ا
ب	ا	ٹ	ز	ي	د	ی	ی	و	خ	ؤ	ھ	ا	ث	ھ	ن
ع	ب	ی	ہ	د	م	ڈ	ٹ	ک	ف	ض	ٹ	ؤ	ھ	ا	گ
ج	چ	ؤ	آ	م	ی	ہ	ڈ	و	ر	ر	ے	ح	ُ	ذ	و
ح	ژ	ق	ُ	ط	ژ	ج	ے	ر	ھ	ر	ی	ن	پ	ا	ر
ع	د	ف	ھ	د	ر	ي	ئ	ب	ں	ض	ع	ؤ	ے	ن	ل
ش	آ	ذ	ض	ر	ر	ی	ف	ژ	ظ	آ	ف	ل	ا	ڈ	ے
آ	ے	ع	خ	گ	ے	ق	ؤ	گ	س	د	ے	ن	ژ	ے	ی

سیب
آرٹچوک
کیلا
بروکولی
اجمود
پنیر
چیری
چکن
چاکلیٹ
انڈے

بینگن
مچھلی
انگور
ہیم
کیوی
مشروم
چاول
ٹماٹر
گندم
دہی

12 - Chemistry

ي	ح	ڈ	گ	و	ن	گ	ض	ے	آ	گ	ر	م	ی	ع	ه
ي	ن	ر	ب	ز	ا	ی	ک	ل	و	ر	ی	ن	ع	ا	ڑ
ت	-	ت	خ	ن	م	س	آ	ي	ا	ن	ج	ض	ئ	غ	چ
ئ	خ	ت	آ	ه	ی	ذ	ذ	ص	ق	ا	ش	ی	ا	ث	ے
ع	ع	د	ک	ي	ا	پ	ظ	ت	ئ	ا	ڈ	ر	م	د	ج
پ		ر	س	ث	ت	گ	پ	م	غ	ر	س	ه	ذ	ڑ	ج
ع	ت	ج	ی	ت	ی	ک	د	ف	و	ع	ی	و	ح	ئ	ق
		ه	ج	ے	ؤ	ه	غ	ج	ب	ث	ا	ج	ع	ے	ژ
خ	و	ح	ن	ن	ئ	آ	ن	پ	ر	ں	ی	ت	ا	ھ	د
ی	ي	ر	ن	چ	ظ	ئ	د	ی	ق	گ	ا	س	ع	د	و
ظ	ص	ا	ژ	ں	ا	ی		ز	ی	چ	ي	ک	ر	ح	م
ذ	ي	ر	ي	ل	-	س	ف	ص	ه	م	ھ	م	ع	چ	گ
ن	-	ت	ک	د	ڈ	ا	ن	ب	ر	ا	ک	ن	ح	-	ژ
ے	ٹ	ل	ؤ	س	ظ	ل	م	ه	ص	-	ٹ	ؤ	گ	ح	پ
د	ا	ق	ن	چ	ؤ	م	ز	ز		ؤ	ص	-	ن	ع	ص
د	چ	ر	چ	ت	ا	ه	ط	ز	ذ	ف	پ	ط	ک	ه	ر

ایسڈ
الکلائن
کاربن
محرک
کلورین
برقیہ
ینجائم
گیس
گرمی
ہائیڈروجن

آئن
مائع
دھاتیں
سالمہ
جوہری
نامیاتی
آکسیجن
نمک
درجہ حرارت
وزن

13 - Music

آ	ي	ُ	م	ڈ	ا	ت	ز	ئ	ي	ش	ُ	ظ	ل	ج	ٹ
ن	ط	ڈ	و	ک	ز	ط	ڈ	غ	ت	ا	ل	پ	ک	ی	ج
ی	ڈ	ھ	س	م	ش	ز	ض	ط	ڑ	ع	ر	ح	م	ف	ن
د	ص	ڈ	ی	ی	گ	ل	و	ک	ا	ر	ل	پ	ط	س	ھ
ع	ح	ب	ق	ل	ط	ژ	ن	ز	ظ	ا	و	پ	ی	ر	ا
خ	ظ	ی	ا	و	ا	ظ	ے	ک	و	ن	خ	ر	گ	و	و
ط	ي	ل	ر	ڈ	ل	ٹ	ز	آ	ل	ه	ی	ک	ن	ک	ے
ظ	س	ڈ	خ	ی	ب	ز	ل	ٹ	پ	ک	ل	ظ	ه	ف	ں
ي	آ	ص	م	ي	م	ُ	ض	ث	ا	ا	و	م	آ	ھ	ڑ
م	ک	ن	و	م	ر	ا	ه	ر	س	آ	ھ	ن	م	م	ه
و	ڈ	ز	ُ	ڈ	و	ؤ	ڈ	ی	ا	ن	ا	گ	ه	ح	ز
س	گ	د	ُ	ع	ڈ	ن	ک	ڈ	ف	ل	س	ُ	ف	ں	ج
ی	ج	ت	و	ئ	گ	ی	ت	س	ؤ	ج	ے	ڑ	ي	ث	ی
ق	ح	-	ض	ذ	ح	ن	و	ف	و	ر	ک	ی	ئ	ا	م
ی	د	ل	ڑ	ه	ت	-	ُ	س	ف	ه	س	ب	ج	ے	ک
ں	و	ش	ن	گ	گ	ڈ	ث	ش	ر	ث	ژ	ٹ	ڈ	ڑ	ی

البم
بیلڈ
کورس
کلاسیکی
ہارمونک
ہم آہنگی
آلہ
گیت
میلوڈی
مائیکروفون

موسیقی
موسیقار
اوپیرا
شاعرانہ
ریکارڈنگ
تال
گانا
گلوکار
ٹیمپو
مخر

14 - Family

ص	ے	ژ	ض	ؤ	د	ی	ب	ع	ٹ	ل	ط	ف	ش	ت	ن
ُ	ق	ض	ں	ج	ا	د	ا	د	ب	ں	ھ	غ	ؤ	ث	ح
ض	خ	ش	ل	ت	د	چ	ت	ن	ھ	ض	ے	ژ	ڑ	ص	ی
ر	ڈ	گ	ئ	ڑ	ی	ٹ	و	ظ	ت	ع	ٹ	ص	د	ج	ب
ل	ت	ت	-	ت	ر	ث	پ	ب	ی	و	ی	ب	ق	ز	ق
ا	ک	ي	ق	ں	خ	ص	ل	ي	ج	ذ	خ	ز	ٹ	ؤ	پ
پ	د	ر	ا	ن	ہ	چ	ھ	ی	ی	ط	ب	ص	ہ	ت	ر
ظ	ض	ف	-	چ	ں	ع	ے	ں	ب	ع	ہ	چ	ژ	چ	ک
ب	ا	پ	ق	ج	چ	خ	خ	ک	ُ	س	ن	ض	و	ڑ	ھ
چ	ف	آ	م	ئ	ع	ظ	ڑ	ُ	ح	ب	ش	و	ہ	ر	ا
ب	ھ	ت	ی	ج	ے	ک	ز	ن	ر	ھ	ل	ق	ٹ	ہ	س
ؤ	ڑ	ط	ں	ٹ	م	ر	چ	ژ	چ	ا	ں	ق	ط	ج	ے
ب	چ	پ	ن	ھ	ی	ا	ہ	ب	ہ	ئ	د	ڑ	و	ث	ڑ
ا	ژ	و	ی	ہ	چ	ب	ں	ظ	غ	ی	ذ	ژ	ق	س	ص
ی	م	ب	ی	ث	ا	ں	س	ج	ژ	ح	ا	-	ھ		ے
ا	آ	گ	ر	ث	چ	چ	ی	ق	ف	ض	م	ث	ُ	ج	گ

پرکھا
چاچی
بھائی
بچہ
بچپن
کزن
بیٹی
باپ
پوتا
دادا

دادی
شوہر
ماں
بھتیجے
بھتیجی
پدرانہ
بہن
چچا
بیوی

15 - Farm #1

ک	ک	ک	پ	ب	ي	ے	ڑ	ز	ڈ	ل	ی	ف	گ	ر	م
ئ	ت	ذ	ف	ل	آ	ئ	ر	ه	ف	ط	ن	ه	د	ل	ڑ
ڑ	ا	گ	ھ	و	ڑ	ا	ں	ن	س	ئ	ا	ب	ھ	ه	د
ع	ت	ر	گ	چ	ع	گ	ڈ	خ	ا	ی	پ	س	ا	ٹ	ڈ
ھ	ن	غ	ي	ت	ز	گ	پ	د	ھ	ب	ڑ	ک	ط	ش	ط
ز	ھ	ب	ک	ا	ڑ	ھ	چ	ب	گ	ل	ه	ھ	ئ	ُ	ٹ
ب	ی	ش	و	-	ا	ف	ح	غ	ي	ی	چ	ا	و	ل	ھ
ج	ر	د	ا	ٹ	ب	ع	ج	ص	ه	ک	ض	د	ش	و	گ
غ	ک	ی	پ	ش	د	و	د	ڑ	ن	ج	ن	ھ	و	چ	ں
ی	ب	ک	ب	ج	ی	ظ	ا	ظ	ر	ق	ه	ق	ڈ	ق	ئ
د	ؤ	ژ	ظ	س	ق	و	ڈ	ق	غ	ظ	ظ	ؤ	د	ه	ش
ڈ	خ	ط	ا	ص	ف	ق	خ	گ	غ	ر	ش	ث	ث	د	غ
ث	ڈ	ض	ذ	ں	غ	ے	ی	ھ	ک	م	ی	ح	پ	ے	ت
ٹ	ص	گ	ذ	ھ	م	ن	ژ	ي	ف	ز	غ	غ	ف	ڈ	ي
ں	ا	ه	ظ	ذ	ی	ب	ط	ن	چ	خ	-	-	گ	ک	ف
گ	ط	ز	خ	گ	ز	ں	ھ	ب	ژ	س	ظ	ژ	م	ئ	ل

زراعت
مکھی
بائسن
بچھڑا
بلی
چکن
گائے
کوا
کتا
گدھا

باڑ
کھاد
فیلڈ
بکری
گھاس
شہد
گھوڑا
چاول
بیج
پانی

16 - Camping

ق	آ	ں	ض	آ	ؤ	ط	ش	ل	ت	پ	د	ژ	ح	ژ	ک
ؤ	ُ	غ	ز	ز	گ	ي	ک	ط	ع	چ	س	ا	پ	م	ک
ح	ش	ئ	ں	و	ت	خ	رُ	د	س	ي	ق	ٹ	ه	س	و
ڈ	د	ا	ک	پ	ط	و	ُ	ف	ا	و	ے	و	ذ	ث	م
ی	ن	ق	ش	ه	ز	ے	ط	-	ه	و	پ	پ	ل	ف	ی
ح	ا	ڈ	ی	ا	م	ر	ڑ	ر	س	ن	ک	ی	ڑ	ے	ه
-	چ	ڈ	ل	ڑ	ت	ا	ت	غ	ک	ط	ا	گ	ت	ق	ت
ے	م	ل	ظ	گ	ب	ک	ی	ؤ	آ	ؤ	ل	د	ط	ق	ڑ
م	و	ص	ع	ر	-	ش	ڑ	ض	گ	ؤ	غ	ه	ژ	ئ	ک
ي	ض	چ	ی	س	ث	س	ج	ں	و	ر	و	ن	ا	ج	ی
ث	ف	ش	ه	ي	ا	ھ	ط	ڈ	-	ل	خ	ب	و	ر	ن
ر	د	آ	ھ	ض	ی	ح	ض	ی	ؤ	ی	ع	ی	غ	پ	و
و	ث	ڑ	ی	ل	ج	ر	-	ب	م	ن	ؤ	ک	ز	ز	-
آ	غ	ل	ه	گ	ں	ے	ڑ	ه	ے	ی	ه	ز	م	ڈ	ب
ؤ	ی	س	ر	ن	ي	ھ	ھ	ل	آ	س	ص	ق	ث	گ	ص
ا	غ	پ	ذ	ج	ل	ز	ط	گ	ف	ب	ح	-	ز	ھ	-

سابسک
جانوروں
کیبن
کینو
کمپاس
آگ
جنگل
مزہ
ہیموک
ٹوپی

شکار
کیڑے
جھیل
نقشہ
چاند
پہاڑ
فطرت
رسی
خیمہ
درختوں

17 - Algebra

-	ا	ن	ي	ں	خ	س	ص	ف	ر	ع	ے	ذ	ہ	ظ	ئ
ی	ک	آ	گ	چ	م	ک	ف	ص	گ	ر	-	آ	ل	م	ل
م	ج	ڑ	ؤ	ص	ف	ر	ج	ج	ے	پ	د	گ	ڈ	ڑ	ط
ظ	ق	ص	ر	ڑ	ث	ٹ	پ	س	ژ	ڑ	ش	ز	-	ط	غ
ث	ت	د	ف	ج	ں	ی	ئ	ا	ن	ب	ن	ا	س	آ	ے
ج	د	د	ا	ل	و	م	ر	ا	ف	س	ؤ	ر	ف	ُ	خ
ڈ	ئ	و	ر	ر	ظ	ذ	ی	ی	غ	ز	ج	ت	ط	ث	ر
ف	و	-	گ	ص	ل	ڑ	غ	س	ک	ف	ح	ئ	ط	ک	ذ
ژ	ع	ی	ف	ن	ا	غ	ت	ٹ	ط	ل	غ	ز	ف	س	د
ُ	خ	و	ژ	ع	ب	چ	م	ع	غ	پ	ت	ن	پ	ھ	ح
د	ٹ	ض	خ	ن	س	ش	ہ	و	-	ا	ش	ذ	م	ڑ	ک
گ	ھ	ٹ	ا	ؤ	ھ	ح	ل	د	غ	ُ	ف	ل	س	ژ	ز
ئ	ل	ظ	ت	د	ع	م	ئ	ھ	ج	ُ	خ	ٹ	ا	د	آ
ا	ڑ	ٹ	ُ	ز	ق	و	س	ی	ن	ح	ص	ہ	و	ُ	ر
ئ	ق	ط	ک	چ	ذ	آ	م	ب	ا	ذ	ق	ذ	ا	ز	ی
ت	ع	د	ا	د	و	د	ح	م	ا	ل	ف	ڈ	ت	ط	ھ

آریھ
ڈویژن
مساوات
عنصر
غلط
فارمولا
حصہ
گراف
لامحدود
لکیری
میٹرکس
تعداد
قوسین
مسئلہ
مقدار
آسان بنائیں
حل
گھٹاؤ
متغیر
صفر

18 - Numbers

ذ	گ	ف	ش	س	ٹ	ب	ص	ا	ھ	ض	ں	ں	ش	ڑ	غ
ز		ن	ط	ه	ي	خ	ٹ	ع	ڈ	ث	ز	ی	ظ	ط	ه
ل	و	ئ	-	ڈ	ژ	-	ط	ش	ق	ر	ڑ	س	ی	ف	ه
ع	ف	ه	ر	ا	ھ	ٹ	ا	ا	ت	ل	ض	ے	ن	ض	ي
ص	س	ل	ں	س	ی	ن	ا	ر	ض	گ	ڈ	و	ی	ش	ے
گ	ا	و	ع	ف	غ	ھ	آ	ی	ں	ق	خ	ھ	ت	ن	م
ک	ت	س	چ	ئ	ي	ت	ٹ	ه	ر	ت		ک	د	ژ	س
پ	و	د	و	غ		-	ھ	ر	خ	ئ	ڈ	ژ	ٹ	ں	ه
پ	چ	د	د	ش	ے	ذ	ق	ت	ؤ	ڑ	و	ز	ت	آ	ب
ج	ھ	و	ه	ه	ر	ا	ب	س	ک	ی	ا	ی	د	ی	ه
ث	ب	س	ع	ر	ؤ		ظ	ڑ	ڑ	ر	ر	ئ	س	ئ	و
ح	ط	ل	ھ	د	خ	غ	د	ؤ	ے	ه	ا	ط	ح	ظ	ؤ
ث	ح	ی	-	ن	ن	ل	ل	ه	س	د	چ	ن	ژ	س	ھ
ے	ب	ذ	ڑ	پ	چ	ظ	ژ	ؤ	ث	آ	ن	ظ	ض	ج	چ
س	آ	ف	ڈ	م	ز	ص	ک	ص	ی	ک	ا	-	ی	ه	ل
ٹ	ے	ض	ئ	ف	ث	خ	ب	ل	ؤ	ظ	پ	س	ذ	-	ذ

سات
سترہ
چھ
سولہ
دس
تیرہ
تین
بارہ
بیس
دو

اعشاریہ
آٹھ
اٹھارہ
پندرہ
پانچ
چار
چودہ
نو
انیس
ایک

19 - Spices

خ	و	-	ش	ذ	ج	خ	ُ	ن	ض	ک	م	ؤ	ي	ئ	گ
ر	و	ب	ا	س	ذ	ر	س	ذ	ح	ی	ز	ُ	ز	ں	ڈ
ذ	ج	ُ	ل	ھ	س	ق	ض	ژ	ت	ر	ٹ	ض	ص	ک	گ
ق	غ	خ	ی	-	م	ت	ص	ھ	ظ	ک	م	ئ	ر	م	ر
س	س	ی	ن	ا	ی	ل	ی	ا	ی	ن	ھ	د	د	ن	ے
و	گ	ن	و	ل	ٹ	خ	ک	ُ	س	ئ	ا	ہ	ھ	م	گ
ن	ث	ا	ے	ف	ھ	ح	ک	ہ	ا	ک	ی	ر	پ	ی	پ
ف	د	ر	ج	ئ	ا	ا	ل	ا	ئ	چ	ی	ز	ا	ی	پ
ق	ڈ	ف	ہ	ا	آ	گ	ژ	ژ	ی	ن	ی	چ	ر	ا	د
گ	ش	ع	د	ج	-	ہ	ق	ئ	ا	ذ	ص	ش	گ	ش	ظ
ی	ر	ز	ض	ا	ر	ز	و	ٹ	ئ	چ	گ	ف	ط	ک	ز
ج	ر	ژ	ر	ڑ	ب	ب	خ	ی	ژ	ژ	غ	-	ض	-	ی
ا	ر	ی	ج	ک	ح	ف	ی	پ	ی	ن	ج	ڈ	گ	آ	ط
گ	ا	ر	ژ	ن	ر	ق	ی	ھ	ل	-	غ	ي	م	ے	ح
ي	ظ	ڈ	ض	-	ں	ل	چ	ج	ص	ہ	ج	آ	ش	ن	آ
ئ	چ	ژ	ے	ح	غ	ع	و	م	د	غ	ہ	ث	ں	ط	غ

انیس
تلخ
الائچی
دار چینی
لونگ
دھنیا
جیرا
کری
سونف
میتھی
ذائقہ
لہسن
ادرک
جائفل
پیاز
پیپریکا
زعفران
نمک
میٹھا
ونیلا

20 - Universe

-	م	ذ	ُ	غ	س	ی	م	ق	ر	ٹ	ش	ف	د	و	ح
ز	م	ه	و	-	س	ئ	ا	پ	ح	و	ے	ل	آ	ع	ع
ت	ں	ب	ے	ژ	ي	ڑ	ح	چ	ا	ن	د	ک	ش	ٹ	م
ں	ا	ش	ک	ه	ک	ؤ	و	م	ٹ	ل	ز	ی	ک	ه	س
ث	ه	ر	ک	ف	ص	ن	ل	گ	ؤ	ح	ژ	ا	ا	ف	ق
ي	ھ	ک	ی	غ	د	ط	ن	غ	ف	م	ت	ت	آ	غ	خ
ع	ژ	ٹ	د	ک	م	ا	ه	ر	ف	ل	ک	ی	ا	ت	ط
ژ	ر	ق	س	ف	ی	ئ	غ	ے	آ	س	ا	و	ع	ڑ	ا
ک	ض	ت	ڈ	غ	ھ	چ	خ	ف	آ	ب	آ	ش	ي	ه	س
ا	ط	و	ل	ا	ل	ب	ل	د	ڈ	غ	غ	ش	ف	آ	ت
ئ	ئ	ع	پ	ظ	م	س	ی	ا	ر	چ	ه	م	ت	س	و
ن	ی	ب	ر	و	د	د	آ	ژ	ٹ	ط	ل	س	ت	م	ا
ا	ض	ع	ط	و	ذ	ي	ا	س	ؤ	ع	ئ	ی	غ	ا	ف
ت	عٕ	ھ	ٹ	ط	ڑ	ح	ب	ر	م	ؤ	ھ	ي	ئ	ن	م
ی	ُ	ص	ڑ	ط	گ	د	ل	ب	ل	ا	ض	ر	ع	ی	ي
ئ	س	س	ز	ظ	ئ	گ	ظ	ژ	-	ب	ن	ز	ع	و	ث

سیارچہ
ماہر فلکیات
فلکیات
ماحول
آسمانی
کائناتی
تاریکی
خط استوا
کہکشاں
نصف کرہ

افق
عرض البلد
طول البلد
چاند
مدار
آسمان
شمسی
تسلط
دوربین
رقم

21 - Mammals

ل	ف	ف	ض	ت	ئ	س	ڈ	ر	ي	ک	ز	ٹ	ث	ص	ئ
ض	ک	ذ	ل	ی	ه	و	و	ل	-	ت	گ	ث	ز	ا	ل
ھ	ٹ	و	ی	و	ک	ب	ل	ٹ	ُ	ا	ی	ڑ	ی	ھ	ب
ش	د	ف	ب	ر	م	ح	ف	ب	ی	و	ر	ی	و	چ	ه
ي	ی	ا	-	ا	گ	ڑ	ن	ن	ح	ه	ن	ھ	ھ	ی	س
ز	ڑ	ر	ض	گ	ز	ع	ی	ش	ح	د	ف	ب	ش	ر	ب
ن	ں	ج	ڈ	ن	و	د	گ	ج	ؤ	ژ	گ	ظ	ج	ق	ق
ث	ل	ف	ڈ	ک	ڑ	ش	ن	ں	گ	ی	ن	ل	ٹ	ڑ	-
م	ط	ز	گ	ن	پ	ب	ت	ج	ُ	ف	چ	ه	ف	ُ	ي
ی	خ	ٹ	چ	م	گ	و	چ	ي	د	ٹ	ٹ	خ	ب	ض	ج
ژ	ه	-	ظ	ص	ر	ب	ئ	ی	ی	گ	و	ی	ث	ذ	ب
خ	ا	ر	ب	ی	ز	ل	د	ے	ض	ا	و	ی	ک	گ	ن
ر	ت	ط	ي	ظ	ض	ی	س	ت	س	گ	-	ر	ں	ظ	د
گ	ھ	آ	ک	ی	ژ	ژ	ب	ں	آ	-	ے	ح	ی	ش	ر
و	ی	ت	ي	پ	چ	خ	گ	ھ	و	ڑ	ا	ھ	ل	ل	ب
ش	ش	ش	ه	م	ج	گ	م	ز	گ	ر	غ	پ	ج	ع	ا

ریچھ
بیور
بیل
بلی
کویوٹ
کتا
ڈولفن
ہاتھی
لومڑی
جراف

گوریلا
گھوڑا
کنگارو
شیر
بندر
خرگوش
بھیڑ
وہیل
بھیڑیا
زیبرا

22 - Bees

ض	آ	ر	ط	پ	ف	ي	ش	ے	ع	گ	ض	ط	ف	غ	ٹ
ط	ا	ک	ڑ	ھ	ث	ض	گ	ر	ج	ق	ض	ل	ت	خ	خ
ی	ع	ھ	ح	و	ب	د	ت	ر	ژ	ھ	ح	ن	ن	م	ن
ں	د	ا	ي	ل	ب	ک	و	پ	ت	خ	ف	ہ	و	و	ق
پ	ھ	ن	ط	ز	م	س	ب	ں	ح	ؤ	ظ	ي	ع	م	پ
ھ	و	ا	ژ	آ	ل	ي	د	چ	ے	ے	د	و	پ	ر	ا
ل	ا	ن	ط	و	ک	ڑ	ی	ھ	ب	ہ	ہ	ب	ا	غ	ت
ر	ں	ل	ق	ث	ہ	ص	ہ	ک	ذ	-	ش	گ	ٹ	ب	د
ف	غ	ھ	ض	ص	ض	ڑ	ھ	ن	ا	ن	ن	ا	ت	چ	ڈ
ا	ذ	ک	ہ	گ	ھ	م	ص	پ	ں	د	ک	ا	ت	ھ	چ
ئ	ھ	ن	ک	ژ	ف	د	ک	چ	ہ	ڑ	س	خ	ض	س	ڈ
د	ت	ئ	ڑ	خ	ح	ی	ز	س	و	ض	م	ح	ذ	و	ش
ہ	ڑ	ا	ض	س	ڑ	خ	ا	ي	قِ	ف	ؤ	ص	چ	زِ	ژ
م	ر	ز	د	ے	چ	ض	ؤ	ف	ُ	ڈ	ح	ش	چ	ُ	ف
ن	ق	ل	ث	ع	س	پ	ف	ي	ذ	ل	ب	غ	ک	ق	ح
د	ث	ث	ح	ق	ط	ک	ک	ع	ض	ں	ژ	ے	ے	ذ	-

فائدہ مند
کھلنا
تنوع
پھول
کھانا
پھل
باغ
مسکن
چھتا
شہد

کیڑے
پودے
جرگ
پراگندہ
ملکہ
دھواں
سورج
بھیڑ
موم
پنکھ

23 - Weather

ن	آ	ش	ظ	ج	چ	ا	ُ	ق	ز	ہ	و	د	خ	ث	ق
و	غ	پ	ھ	ی	س	ل	ش	ح	ذ	و	ں	ن	ش	ئ	ک
ژ	ہ	ث	ڈ	ٹ	ت	ل	س	ن	ی	ا	ذ	د	ک	ش	خ
ت	ن	ا	ا	ن	غ	ھ	ی	ا	ک	چ	ا	ص	س	ر	م
ڈ	ق	ئ	ف	ق	پ	ڑ	ل	ف	ں	ٹ	ے	ش	ا	گ	ا
ص	ل	ب	ؤ	ے	ر	ھ	ا	و	ک	ي	ب	ُ	ل	خ	ح
ب	ج	ل	ی	ن	س	آ	ب	ط	ز	و	ب	ن	ی	ر	و
ا	ث	ن	ب	ژ	ک	ظ	س	ن	ی	غ	ظ	ُ	د	ن	ل
ی	د	گ	ط	ئ	و	ق	ہ	م	ڑ	ط	ش	ہ	پ	ی	-
ز	ز	ھ	ق	و	ن	گ	د	ز	ا	ت	ع	ؤ	ژ	گ	ی
م	و	ن	س	و	ن	و	ق	ل	آ	ن	ز	ش	ٹ	ر	ت
د	ر	ج	ہ	ح	ر	ا	ر	ت	ب	ہ	ا	ص	ے	خ	ؤ
ض	آ	ھ	ظ	ذ	د	ج	گ	ُ	و	ل	ی	ح	ڑ	ر	ا
س	ذ	ئ	د	ھ	ي	ھ	ث	س	ہ	ُ	ظ	ہ	ؤ	ص	ژ
ے	ڑ	ج	آ	ُ	ا	ب	ن	پ	و	ژ	ژ	پ	غ	س	خ
ث	ق	ہ	ز	ب	ا	د	ل	د	ا	گ	ر	ج	ب	ر	ف

ماحول
پرسکون
آب و ہوا
بادل
خشک سالی
خشک
سیلاب
دھند
برف
بجلی

مون سون
قطبی
رینبو
آسمان
طوفان
درجہ حرارت
گرج
اشنکٹبندیی
ہوا

24 - Adventure

ر	ر	ی	ط	چ	ہ	ل	خ	ا	ف	و	گ	ئ	گ	ذ	ش
ں	ت	ک	ب	ف	ز	ذ	آ	ج	ں	ط	ھ	ا	ی	ت	ب
ب	ہ	ا	د	ر	ی	ک	ص	ؤ	ٹ	پ	و	ص	ج	آ	ں
ل	ز	ن	م	ف	ش	ئِ	ب	ذ	غ	ط	م	چ	ہ	-	گ
ن	ذ	ر	ئ	س	و	ُ	ن	ل	ل	ا	ن	ف	ط	ر	ت
ث	-	ط	ب	خ	خ	و	ش	ح	س	خ	ے	ا	ک	غ	د
م	پ	خ	ے	و	ژ	ژ	ی	ش	-	ث	پ	ے	س	ی	ڈ
ف	ُ	ؤ	د	ب	آ	ڈ	گ	س	ل	ط	ھ	ف	ط	ر	ث
آ	ے	ا	ث	ص	ُ	ن	ی	ج	و	ش	ر	خ	چ	م	و
ق	ٹ	ڈ	نِ	و	ص	پ	و	ق	ص	و	ن	ر	ع	ع	ل
س	ج	ج	ُ	ر	ح	ہ	ی	ظ	ہ	خ	ے	ض	ل	م	چ
ی	ر	ا	ی	ت	ہ	د	ن	د	و	س	ت	و	ں	و	ي
ق	ڈ	گ	م	ی	ح	ف	ا	ظ	ت	و	ُ	ط	گ	ل	د
پ	پ	ف	ر	و	ن	گ	ب	ٹ	ذ	گ	ت	ب	گ	ی	خ
م	ش	ک	ل	م	ق	پ	ک	ت	ف	ے	ل	ق	د	ڈ	ژ
ط	غ	-	ص	ؤ	ی	ع	ٹ	ط	خ	ص	ے	پ	ل	ل	و

دوستوں
خوشی
فطرت
نیویگیشن
نئی
تیاری
حفاظت
سفر
غیر معمولی

سرگرمی
خوبصورتی
بہادری
موقع
خطرناک
منزل
مشکل
جوش
گھومنے پھرنے

25 - Restaurant #2

ن	م	لُ	ں	ژ	ز	ض	پ	ک	و	ہ	ظ	ر	خ	ڑ	ٹ
ہ	و		غ	ج	ئ	ڑ	خ	م	ہ	د	ر	ں	ح	ش	ق
ئ	خ	ڈ	ي	ش	آ	م	ز	ی	د	ا	ر	ٹ	ی	و	ب
ص	ب	م	ل	ا	ز	ں	ف	ل	ڑ	ژ	ا	ر	ذ	ض	ہ
د	ي	ئ	ظ	ز	ں	ح	ق	ھ	م	ص	ا	ل	ح	ے	ہُ
ل	ن	چ	آ	ط	ق	ے	آ	چ	ص	ض	ٹ	ق	ر	پ	
ن	ر	خ	ہ	ہ	ے	س	پ	مُ	ئ	غ	ن	ر	س	ؤ	ے
پ	ر	ئ	ک	ن	ظ	ن	ی		ڈ	ھ	ا	-	پ	ھ	ل
پ	ث	پ	ط	ے	پ	س	ؤ	ف	ط	آ	ک	ص	ے	آ	پ
ن	خ	ھ	چ	ژ	ے	ب	و	ر	ش	م	ذ	ب	س	ج	ت
ب	ک	ؤ	ھ	ز	مُ	ز	گ	ب	ؤ	ي	ب	ح	م	س	ع
ط	ڈ	ژ	ک	ی		ی	ن	ا	پ	ؤ	غ	ز	ي	ي	ا
ت	ن	ظ	ہ	گ	گ	ا	سُ	خ	ٹ	پ	ف	ک	ی	ک	ن
ث	ر	غ	ج	ق	ٹ	ں		ر	س	و	پ	چ	م	چ	ڈ
ں	د	چ	آ	ط	ڈ	ج	ھ	م	ک	پ	ذ	ڑ	ص	ن	ے
ت	ر	ک	ا	ر	ی	ا	ں	ر	ے	ض	خ	پ	ؤ	م	ي

مشروب
کیک
کرسی
مزیدار
ڈنر
انڈے
مچھلی
کانٹا
پھل
برف

لنچ
نوڈلز
ترکاریاں
نمک
سوپ
مصالحے
چمچ
سبزیاں
ویٹر
پانی

26 - Geology

ف	ص	گ	ژ	ک	خ	ط	ب	ر	ا	ع	ظ	م	ے	خ	ع
ي	ث	ں	ع	و	ک	ٹ	ا	ؤ	س	ا	م	ڑ	ن	د	ط
ع	ف	ق	ت	ر	ل	غ	ع	ق	ٹ	ز	ع	غ	چ	گ	س
گ	م	م	ا	ل	ا	ئ	غ	و	ا	ھ	د	ل	ت	ر	پ
ذ	ف	ی	س	ر	و	ظ	ض	س	ل	ؤ	ن	ر	ن	ڑ	ح
ل	س	ش	ن	ا	ا	ظ	ا	ر	ا	ف	ی	ذ	م	ن	چ
ڈ	ہ	ل	ز	ل	ز	ئ	ے	ھ	ی	ر	ا	ب	ک	چ	ہ
آ	ی	ی	پُ	چ	ی	آ	ش	م	ک	پ	ت	ھ	ر	خ	ے
ز	ب	ک	ُ	ک	ک	و	ا	ر	ٹ	ز	د	پ	-	ص	ک
م	ئ	ي	ل	آ	ت	ش	ف	ش	ا	ں	ل	س	و	ف	ظ
د	د	ڈ	ٹ	ںُ	ی	ص	چ	ک	ئ	ت	ل	ح	ھ	ص	آ
م	م	ےِ	س	ُ	ذ	خ	-	قِ	ٹ	ؤ	اِ	ٹ	ی	ل	پ
ط	ص	ُ	ر	خ	ؤ	گ	و	ُ	ث	غ	ُ	ر	ژ	ذ	ہ
س	-	ت	ک	ڈ	ر	غ	رِ	ز	ی	گ	ہ	ر	ٹ	ھ	-
ہ	ض	ع	ص	ھ	ں	خ	ُ	ں	ي	زِ	س	ی	د	ش	ع
ے	ر	ص	ڈ	ط	ں	ف	غ	ے	ن	ُ	ت	ڑ	ز	ٹ	ٹ

ایسڈ
کیلشیم
غار
براعظم
کورل
کرسٹل
سائیکل
زلزلہ
کٹاؤ
فوسل

گیزر
لاوا
پرت
معدنیات
پلیٹاؤ
کوارٹز
نمک
اسٹالایکٹائٹ
پتھر
آتش فشاں

27 - House

ک	ث	ح	چ	ب	ٹ	ش	-	ل	و	غ	ا	ن	ت	ض	ج
چ	ھ	ی	ا	ظ	ظ	ک		ئ	ن	ر	ص	-	-	ط	ظ
ر	ب	ل	ب	چ	ط	ب	ذ	ب	ڈ	د	ح	ھ	گ	ظ	ذ
ا	ک	ص	ی	ب	ف	پ	پ	ٹ	و	ڑ	ل	ؤ	چ	ن	ق
غ	ئ	ژ	ا	ے	د	ر	پ	ع	ی	ڑ	ٹ	ش	چ	ں	ٹ
ي	ڑ	ش	ں	ز	ج	ئ	ن	ه	ت	ض	چ	چ	س	غ	ض
ا	ے	ک	چ	ب	پ	ح	ح	ی	ھ	خ	ڑ	ح	ژ	ظ	آ
ک	ض	ط	ں	ر	غ	ش	ر	ک	چ	ٹ	ص	ط	ع	ل	گ
پ	گ	ر	ي	غ	ا	ا	ق	م	ر	ر	و	ش	ح	چ	م
ے	ک	م	غ	ي	ب	و	ڑ	ا	ھ	ج	ج	-	ژ	آ	ز
ا	ي	س	ا		ی	ر	ی	ر	ب	ئ	ا	ل	ق	ه	ژ
ؤ	ف	ف	ه	ي	ر	ف	ن	د	ئ	ں	ر	ت	ت	ز	ز
پ	آ	ل	ي	ڑ	ا	ب	م	ف	ر	ش	ی	و	غ	س	ئ
ؤ	ط	چ	ش	غ	ٹ	ھ	چ	ؤ	ر		گ	ا	ه	ظ	ذ
ک	م	ر	ه	ن	ا	خ	ی	چ	ر	و	ا	ب	ڑ	ٹ	م
آ	ئ	ی	ن	ه	ز	ا	و	ر	د	ل	ط	ے	ع	ں	ز

اٹاری
جھاڑو
پردے
دروازہ
باڑ
چمنی
فرش
فرنیچر
گیراج
باغ

چابیاں
باورچی خانہ
چراغ
لائبریری
آئینہ
چھت
کمرہ
شاور
دیوار
ونڈو

28 - Physics

ڑ ي ؤ م م ش ک غ ظ ش خ ج ب چ ج ب
ڑ ڈ ز ه ي ث ح ا ظ ڈ ح ڑ ڑ ج گ ف
ج و ط آ ا ٹ آ ؤ ع ي ے ق م و ي ئ
خ م چ ف ج ؤ گ ڑ پ پ غ ڈ ؤ ه ں چ
و ق ت ع ا ل م گ ی ر ژ ق ی ر ؤ آ
ظ ن ل غ ا ی ٹ م ئ ل ظ ق ژ ی ع ح
ن ا ت ع ر س ا ی ا ف ر ا ت ف ر ی
ژ ط ص ں خ ن گ ن ی ب - ؤ ب ؤ - ی
ھ ی آ ه ے ج ئ ں م خ گ ے ت ب س ن
م س ر پ ا ن س ط ی ں ر ا ت ف ر ض
ی ی ر ج ا ش ڈ ک ے س ی گ ه ر ذ
ک ت ڑ ژ پ س د د ع ت ی ج ُ م ه ؤ
ی گ خ ق ا ل و م ر ا ف ص ڈ ل ظ ح
ن ه ظ ن ؤ ن ج ھ چ پ گ - ذ ا ت ظ
ک ظ گ غ ھ ں ئ و ڈ خ ف ی غ س ں ح
س ع ی س و ت ق ڈ ئ ز ي ڑ ذ ح ث ر

سرعت	گیس
ایٹم	مقناطیسیت
افراتفری	بڑے پیمانے پر
کیمیائی	میکینکس
کثافت	سالمہ
برقیہ	جوہری
انجن	ذرہ
توسیع	نسبت
فارمولا	رفتار
تعدد	عالمگیر

29 - Coffee

ش	ه	ظ	ی	ڈ	پ	ئ	ظ	د	چ	ص	ح	ح	ژ	ع	ن
ج	ذ	ز	ع	ض	ی	ل	ٗ	ؤ	ش	ب	ے	ت	ل	ص	ل
ا	ص	-	ژ	ٗ	س	چ	ژ	م	غ	ح	ک	ع	-	پ	و
چ	ص	خ	ے	ژ	ن	ں	ق	ن	ع	چ	ی	ر	ث	ح	ڈ
د	ي	ل	گ	د	ا	خ	ض	ا	ض	ل	ف	ن	ح	ث	ظ
ں	و	ت	ج	ی	ز	ی	ی	ر	ب	ض	ی	ٹ	ه	خ	ھ
پ	ٗ	د	چ	ی	ن	ی	ظ	ب	و	م	ن	ڑ	ج	ه	ب
ا	ئ	ا	ھ	ٗ	ع	آ	ح	ه	ر	و	و	م	ذ	چ	ل
ن	ص	ع	م	س	ط	گ	ژ	ا	ش	ٹ	آ	ث	ا	ژ	ڑ
ی	ک	آ	ح	ؤ	ڑ	س	ق	ی	م	ت	ل	ع	ئ	ا	م
ز	چ	ذ	آ	ن	ٹ	ل	غ	س	س	م	و	ف	ق	غ	ی
ک	ڑ	ٹ	ح	چ	چ	-	ص	ڑ	ق	ه	ؤ	ظ	ه	ڑ	ر
ر	ع	ظ	ب	ح	ض	م	ص	د	ز	ک	ؤ	ج	ع	ه	ک
گ	ڈ	ک	پ	ع	ڑ	د	ے	چ	گ	ب	غ	ض	ھ	ذ	د
ک	پ	ق	ذ	ا	ن	ط	س	ظ	چ	م	ج	ه	ت	ن	ھ
ذ	ر	چ	ئ	ع	ت	پ	ئ	ن	د	ف	ب	-	ط	س	م

مہک
مشروب
تلخ
سیاہ
کیفین
کریم
کپ
فلٹر
ذائقہ

پیسنا
مائع
دودھ
صبح
اصل
قیمت
چینی
قسم
پانی

30 - Colors

س	ب	ز	ق	آ	ف	ئ	ح	ٹ	ھ	ن	ئ	س	-	ک	ی
ش	ڈ	ژ	گ	ا	غ	س	ڑ	م	س	ق	ض	ن	ک	ر	ع
ف	و	چ	س	ی	ا	ی	ق	د	ی	ے	ط	ت	آ	م	ص
ظ	ا	س	ز	ن	ع	ا	ل	ی	پ	ں	خ	ر	م	س	ف
ب	ٹ	ک	ج	م	س	ہ	د	ق	ئ	د	ن	ی	ن	ن	ف
ث	ی	چ	س	ا	ا	س	ی	پ	ی	ا	ل	ی	ن	ا	ا
ی	ل	ج	ے	ج	ن	ف	ٹ	ع	د	ص	ئ	ڈ	ف	ی	چ
ے	ی	ق	ق	ر	ڈ	آ	م	ھ	ں	ظ	ٹ	آ	ؤ	س	ط
ظ	ا	ث	ش	ز	گ	ي	ث	ئ	ھ	ط	ج	ز	ي	ث	غ
ن	و	ؤ	ب	ز	و		ب	ف	س	ی	د	م	ٹ	ي	ا
و	ی	ض	ظ	ی	ت	ل	ر	ہ	ل	ر	خ	ی	ے	س	ق
گ	ل	ا	ب	ی	ف	ص	ا	و	ت	م	خ	ج	ر	ف	پ
ئ	ق	ط	آ	پ	ع	ش	ؤ	ذ	ع	ئ	ے	ن	ڑ	ی	ل
ئ	ں	ئ	ز	ڑ	ج	ے	ن	ق	ئ	ڈ	خ	ٹ	ز	د	و
ژ	-	و	ف	ا	س	ا	غ	و	ث	چ	ش	ا	ڈ	ی	ے
ح	ے	ض	ڈ		ص	ز	ز	ز	ع	ں	خ	ب	ؤ	ي	خ

بیج
سیاہ
نیلا
براؤن
کرمسن
سیان
فوچسیا
سبز
گرے
انڈگو

میجنٹا
سنتری
گلابی
جامنی
سرخ
سیپیا
وایلیٹ
سفید
پیلا

31 - Shapes

ل	د	ژ	ھ	ؤ	ظ	د	ط	ه	ن	م	پ	ر	ا	م	ڈ
ص	چ	غ	ں	ب	ک	خ	آ	ذ	ج	ش	ں	چ	خ	ط	غ
ؤ	م	ه	خ	ں	ا	پ	س	د	ر	س	ث	ر	غ	گ	ے
م	ر	ب	ع	ط	ل	ص	م	ڈ	ا	پ	و	ذ	و	چ	آ
گ	ج	ی	ا	ن	و	ک	م	س	ت	طِ	ی	ل	ؤ	ڈ	ل
ن	ژ	ف	ل	ح	ب	ر	ز	ن	-		و	ث	ٹ	ع	ق
ب	چ	ي	ض	ؤ	ر	آ	ر	ف	ک	ر	ض	ا	ں	غ	پ
ڈ	-	ک	ا	د	پ	ر	پ	ژ	ي	س	ی	ع	ڈ	ف	د
ق	ھ	ه	ل	ح	ئ	-	ک	غ	ر	ل	ب	ؤ	ژ	-	ک
ؤ	ق	و	ا	ت	ا	ش	ٹ	ھ	ٹ	ن	آ	ڈ	ٹ	ن	س
شِ	ت	ط	ر	ا	ه	ش	خ	ص	-	ڈ	ت	د	ا	ک	ح
	گ	ح	ی	ح	ث	ه	م	ذ	د	ر	ي	ر	ه	ع	ش
آ	ڈ	ھ	ث	ه	ن	ئ	ا	ل	ا	و	و	ل	ر	پ	ف
ؤ	ن	ژ	ک	غ	ث	لِ	ث	م	ئ	ں	س	ڈ	پ	ڈ	آ
ر	ه	ک	ز	ھ	ت		ت	ی	ر	ط	ح	ک	ؤ	د	ي
-	ڑ	د	م	ع	ب	و	ی	ک	ه	ج	ز	ف	ر	ط	چ

آرک
دائره
مخروط
کونا
کیوب
خم
سلنڈر
کناروں
بیضوی
ہائپربولا
لائن
اوول
کثیرالاضلاع
پرزم
پرامڈ
مستطیل
گول
طرف
مربع
مثلث

32 - Scientific Disciplines

ص	ف	ث	ژ	ٹ	آ	ج	ل	ت	ا	ی	ن	ا	و	ی	ح
ب	و	خ	د	ژ	ب	س	ي	ب	ا	د	ے	ر	ش	ج	ن
ا	آ	ل	ئ	ي	ا	ش	ن	ت	ا	ی	ک	ل	ف	ف	ھ
ی	م	ع	د	ن	ی	ا	ت	ت	ژ	ع	ئ	ط	س	غ	ر
و	ئ	ت	ی	ن	ہ	ا	ن	ا	ٹ	و	م	ی	ج	ٹ	آ
ک	س	ا	ی	ر	ٹ	س	م	ی	ک	ت	ا	ن	ث	ث	ن
ی	ت	س	ج	ق	د	ط	ظ	ل	ط	ت	ک	س	ا	ق	ی
م	ا	و	و	ش	خ	ح	د	و	ھ	چ	م	ر	ظ	ژ	و
س	ی	ش	ل	ہ	ث	ی	خ	ح	آ	ک	ق	ق	ط	ٹ	ر
ٹ	ض	ی	ا	ل	ے	ا	ذ	ا	ے	د	ا	آ	ؤ	ڑ	و
ر	ر	ا	ی	ا	پ	ت	مُ	م	ی	ک	ی	ن	ک	س	ل
ی	ا	ل	س	خ	ل	ی	ُ	م	ت	ا	ی	و	ض	ع	و
ں	م	و	ی	ن	چ	ا	ہ	ظ	ؤ	ٹ	ج	ن	ق	ظ	ج
آ	ھ	ج	ن	بُ	ا	ت	ی	ا	ت	ک	ث	ن	ژ	ز	ی
س	ی	ی	ی	ُ	ک	ت	ا	ی	ک	ر	ح	ر	ح	ز	ی
ڈ	ع	ن	ک	پ	ی	ج	و	ل	و	ن	و	ی	م	ا	ں

اناٹومی
آثار قدیمہ
فلکیات
بایو کیمسٹری
حیاتیات
نباتیات
کیمسٹری
ماحولیات
ارضیات
امیونولوجی

کینیسیالوجی
لسانیات
میکینکس
معدنیات
نیورولوجی
عضویات
نفسیات
سوشیالوجی
حرحرکیات
حیوانیات

33 - Science

ی	ٹ	آ	ف	ی	چ	غ	ن	ر	د	ب	ڈ	ن	ک	ق	و
ف	م	ؤ	ض	ڑ	ا	ئ	ؤ	ش	ھ	ں	ا	ج	ٹ	و	م
ط	ش	ع	ب	پ	ب	ش	ر	ن	ا	د	س	ن	ئ	ا	س
ر	د	ج	پ	د	ڈ	-	ي	ط	آ	ظ	ی	س	ء	ؤ	خ
ت	ن	ک	د	ص	ڈ	ث	-	م	ٹ	ی	ا	ا	ر	ے	پ
ا	ل	ی	ب	ا	ر	ٹ	ر	ی	خ	ل	ق	ث	ش	ش	ک
ی	ح	م	آ	ُ	ے	ب	ن	ج	ر	ت	ے	ط	ه	ه	ن
ع	ض	ی	ب	ڈ	ف	ج	و	ت	ر	ق	ؤ	ڈ	آ	ط	ی
ی	ف	ا	ع	ب	ذ	پ	س	ا	ڈ	ی	ش	ا	ل	ز	ؤ
ب	ل	ئ	ت	ج	ر	ب	ه	ی	ي	ق	ے	ب	ه	و	-
ط	ر	ی	ق	ه	ا	ض	ٹ	ن	چ	ح	د	ض	ر	ن	ث
س	ق	ا	ث	پ	ت	ا	ئ	د	ق	ا	و	ه	و	ب	آ
ے	آ	ه	د	ه	ا	ش	م	ع	غ	ر	پ	ل	س	و	ف
م	ُ	ں	ج	ل	ذ	ه	آ	م	ف	ض	ؤ	ش	-	ئ	ن
س	ف	ے	ف	ں	ج	ث	غ	م	ل	ں	و	ڈ	ه	د	ن
ل	ش	ه	ض	ت	ح	ک	ث	ں	ئ	ت	گ	ڈ	ذ	س	ا

ایٹم
کیمیائی
آب و ہوا
ڈیٹا
ارتقاء
تجربہ
حقیقت
فوسل
کشش ثقل
مفروضہ

لیبارٹری
طریقہ
معدنیات
فطرت
مشاہدہ
ذرات
طبیعیات
پودے
سائنسدان

34 - Beauty

ر	س	ب	ُ	م	ش	ه	ص	ؤ	ڑ	ج	ک	خ	ل	ق	گ
ژ	ج	ث	ن	ص	ن	ع	ا	چ	ش	ا	و	ے	ی	غ	ی
ن	م	ج	ھ	ن	ق	ط	ر	ڑ	س	ش	ت	ن	ت	ق	ر
ش	ی	م	پ	و	ژ	ئ	ب	م	ب	-	چ	ک	ا	ن	ک
ا	ف	ٹ	ش	ع	ل	ک	ی	و	ک	ی	ڑ	ج	م	آ	ڈ
ر	ه	م	و	ا	ر	ٹ	ں	خ	ں	و	ت	د	د	ڑ	-
ن	ی	د	غ	ت	ک	ت	ر	و	ص	ب	و	خ	خ	آ	ر
گ	د	ر	ج	س	ڈ	ا	ی	ت	ر	و	ص	ب	و	خ	ج
د	ص	ش	ڈ	ل	ت	س	آ	ق	و	ه	ن	ی	ئ	آ	ل
ب	ک	ا	ج	ل	گ	ٹ	ھ	ئ	ا	ک	ک	ف	غ	ظ	د
ز	ٹ	ک	ح	پ	ح	ا	ز	ھ	ھ	و	ٹ	خ	-	ؤ	ؤ
د	ع	ر	ر	ا	ث	ئ	-	خ	-	ط	ه	ژ	ث	ی	ی
ڈ	-	پ	ص	س	ن	ل	ڑ	ه	ر	ؤ	-	ئ	ث	ئ	ن
خ	ن	ص	د	ٹ	ر	س	ھ	خ	ص	ع	چ	ؤ	ر	ث	پ
ج	ڑ	ٹ	ھ	ک	ف	ٹ	ض	ب	ل	ؤ	ژ	-	-	ز	ک
ش	ظ	ڑ	ف	ھ	پ	گ	ٹ	ر	ڑ	ں	-	ے	ث	ئ	ج

رنگ
کاسمیٹکس
کرل
خوبصورتی
خوبصورت
خوشبو
لپ اسٹک
کاجل
آئینہ

تیل
پرکاش
مصنوعات
قینچی
خدمات
شیمپو
جلد
ہموار
اسٹائلسٹ

35 - To Fill

ج	ن	و	ٹ	ب	و	ی	ٹ	ڈ	ت	آ	و	ی	ژ	ط	گ
	د	ژ	و	ی	ف	ح	ق	چ	غ	گ	چ	-	چ	ل	ب
ے	ڑ	ت	ک	ج	س	ڑ	ص	ک	ا	ر	ٹ	ن	د	ت	ف
ا	ح	ض	ر	ئ	ے	گ	ز	س	ہ	ت	ژ	س	خ	و	و
پ	ڈ	ں	ی	ع	ق	ف	ٹ	ھ	ک	گ	ت	ی	ؤ	ب	ل
پ	ب	گ	ی	ب	ڈ	ل	ف	ا	ف	ے	ؤ	ب	ف	ص	ڈ
ٹ	ہ	ر	ئ	ع	پ	ؤ	ز	ؤ	و	ہ	ا	ت	ر	ت	ر
ب	ہ	پ	ژ	ھ	ی	ع	ڑ	ٹ	ر	ڑ	ذ	ر	ا	ج	خ
ے	ت	ں	ظ	ے	ک	ھ	ش	ظ	ڑ	ف	ر	ث		م	ش
پ	چ	ع	ک	ي	ٹ	ي	ڈ	غ	ی	ڑ	ق	ق	ي	ے	ا
غ	ظ	ڑ	ز	ج	ٹ	ے	ر	ٹ	ل	ک	چ	ذ	م	ق	ل
ژ	ز	س	ا	ی	ژ	-	ڈ	ر	ب	ؤ	ق	ن	ت	ر	ب
ث	ص	آ	ر	ب	ا	ل	ٹ	ی	ل	آ	ژ	ے	ل	م	ش
س	ض	ک	د	و	ش	ؤ	ر	ذ	غ	ي	ص	ر	ژ	ہ	گ
ں	س	م	ل	ظ	ہ	ل	ي	م	ذ	ڈ	گ	ط	ي	ؤ	ن
ب	ک	ن	ٹ	ع	ط	ظ	ب	م	چ	ڈ	گ	ش	ش	گ	ن

بیگ
بیرل
بیسن
ٹوکری
بوتل
ڈبہ
بالٹی
کارٹن
کریٹ
دراز
لفافے
فولڈر
جار
پیکٹ
جیب
ٹرے
ٹب
ٹیوب
گلدستے
برتن

36 - Clothes

پ	ق	ج	ک	ث	ؤ	ڑ	ي	و	ز	س	ز	ج	ی	ن	ز
ا	م	ف	و	د	ه	ا	ر	ٹ	ی	و	س	س	پ	و	ز
ج	ی	ت	ک	ت	غ	ڑ	ل	ش	و	ط	ؤ	ک	و	ل	ے
ا	ض	ف	خ	ص	ا	ک	ت	ه	ب	ن	د	ا	ٹ	ت	ل
م	ر	و	ي	س	ک	ر	ٹ	ک	ک	ت	ٹ	ر	گ	پ	ڑ
ے	ن	ا	ت	س	د	ت	ں	ب	ڑ	و	ح	ف	د	ئ	ض
ف	ی	ش	ن	ب	پ	ت	ي	ج	ح	ث	ٹ	ش	ذ	ذ	ق
ڈ	ق	ر	ر	ڈ	ل	ڈ	ن	ی	س	ا	ب	ل	ل	خ	ص
ٗ	ي	ز	ژ	ٹ	ؤ	ا	ن	ا	س	و	ر	عٖ	-	ھ	ه
ر	ج	ا	خ	ب	چ	ض	ؤ	ک	ی	ق	ب	ٗ	ؤ	چ	خ
ا	ژ	س	گ	ی	د	تٖ	ئ	ز	ر	ت	آ	ک	ھ	ه	ژ
ث	ڈ	س	ه	ل	ل	ٗ	س	و	ج	چ	چ	ف	ض	ژ	ٹ
ج	خ	ي	ب	ٹ	ں	ظ	ے	س	ے	ذ	ج	ی	ک	ٹ	م
ظ	ي	ق	ج	ئ	ش	ٹ	د	ن	ٹ	بٖ	ے	ج	ظ	خ	ے
ب	ت	ص	ز	غ	خ	ئ	ع	م	ک	ٗ	ڈ	م	ص	ڈ	ل
خ	ص	پ	س	ص	س	ه	ھ	ؤ	ے	ع	س	پ	-	ح	ٹ

تہبند
بیلٹ
بلاؤز
کڑا
کوٹ
لباس
فیشن
دستانے
ٹوپی
جیکٹ

جینز
ہار
پاجامے
پتلون
سینڈل
سکارف
قمیض
جوتا
سکرٹ
سویٹر

37 - Ethics

د	س	ق	ے	س	ی	د	ن	س	پ	ت	ق	ی	ق	ح	ص
ح	ف	خ	ھ	ج	ھ	ظ	س	ي	چ	ی	ح	ل	م	ا	ھ
ؤ	ا	ک	ا	ی	م	ا	ن	د	ا	ر	ی	و	ں	ٹ	ز
ا	ر	ع	م	ا	ر	ت	ح	ا	و	ئ	ق	ق	ئ	پ	ن
ں	ت	ت	ی	م	ل	ا	س	ا	ے	ا	ص	ع	ص	س	ر
ط	ی	ی	د	پ	ع	ع	د	ق	رُ	ع	ب	م	ع	ش	آ
ح	ي	د	ر	غ	ئ	ا	ض	ئ	ُ	ے	ق	ت	ق	ز	آ
م	ا	ا	د	ه	ر	ل	ذ	ض	ن	م	ی	ط	ل	ژ	ڈ
ت	ح	ر	م	ی	ؤ	ؤ	ض	ف	و	ذ	ن	ذ	ی	ع	ط
ت	س	ف	ه	ح	د	ث	س	ل	ا	د	ل	ش	ت	ض	ی
ع	ا	ن	س	ا	ن	ی	ت	-	ع	چُ	ه	ڑ	ی	خ	ھ
م	ن	ا	ح	ی	ژ	ڈ	ض	ل	تُ		ف	ڑ	ئ	ل	ژ
ذ	ح	ٹ	وُ	ق	ے	ؤ	پ	خ	ُ	رُ	ب	ص	ا	ڑ	ت
ت	ک	و	ُ	س	د	-	ف	پ	ج	ُ	ی	ت	ج	ڑ	پ
ئ	م	ي	ب	ڑ	ق	پ	ف	ق	ه	آ	خ	ح	ر	ک	ز
ت	ت	ه	ف	س	ل	ف	ذ	چ	ئ	ں	ھ	ا	ڈ	پ	ف

بے نفسی
ہمدردی
تعاون
وقار
سفارتی
ایمانداری
انسانیت
انفرادیت
سالمیت
احسان

رجائیت
صبر
فلسفہ
عقلیت
حقیقت پسندی
معقول
احترام
رواداری
حکمت

38 - Astronomy

ت	س	ر	آ	ث	ع	س	ئ	م	-	ل	گ	ڈ	ح	ذ	ُ
ا	ی	ا	ط	ب	ں	ف	ر	ف	ب	ق	ر	ض	ف	م	ڈ
ب	ٹ	ک	ُ	س	ز	ُ	ک	و	ُ	ح	ہ	ھ	پ	ع	ب
ک	ل	ٹ	ی	ی	چ	ر	ت	ش	ک	ن	ن	ں	ل	ے	م
ا	ا	ُ	ذ	ا	ُ	ژ	و	و	ش	ی	و	ي	ؤ	گ	ک
ر	ئ	ں	ل	ر	ے	ت	ا	ی	ک	ل	ف	ر	ہ	ا	م
ی	ٹ	ب	ا	ہ	د	م	ا	ی	ٹ	ت	ط	و	چ	ر	ھ
ن	ٹ	ُ	ض	ب	ھ	ر	ں	آ	ظ	ر	ظ	ی	ر	آ	ط
ص	ی	ہ	ی	ش	ا	ڈ	م	ث	ي	ب	ی	ٹ	ا	-	ں
آ	ض	ب	س	پ	ر	ن	و	و	ا	ر	-	ی	ی	ر	-
ج	س	ص	و	ث	آ	ل	ں	د	ڑ	ہ	ذ	م	س	ق	ف
چ	ک	م	و	ل	ز	م	ی	ن	ے	م	ض	ئ	ئ	م	چ
و	ي	ز	ا	ب	ا	ل	خ	ا	ڑ	ا	ث	ژ	ي	ذ	ث
ٹ	آ	ک	ل	ن	ں	ل	س	چ	ف	ن	غ	ج	ہ	ط	پ
ک	ہ	ک	ش	ا	ں	ئ	گ	ک	و	ڈ	ژ	ھ	ھ	آ	ر
د	ش	و	پ	م	ض	ہ	ر	ں	ہ	ن	ذ	ز	-	ج	غ

سیارچہ	چاند
خلاباز	نیبولا
ماہر فلکیات	آبزرویٹری
نکشتر	سیارہ
برہمانڈ	تابکاری
زمین	راکٹ
گرہن	سیٹلائٹ
ویشوو	آسمان
کہکشاں	سپرنووا
میٹیور	رقم

39 - Health and Wellness #2

غ	پ	ک	ژ	س	ق	ث	آ	ج	ؤ	و	م	ف	ي	ب	ق
ث	ا	غ	ن		ع	ڑ	ڑ	ی	ح	ز	ن	ذ	ت	ؤ	ه
ز	ن	ں	م	ي		ت	م	ن	ف	ن	م	خ	ع	و	غ
ٹ	ی	ئ	ا	ن	ا	و	ت	ی	ظ	ژ	ر	ف	غ	ڈ	ر
غ	ک	ے	ٹ	پ	ر	چ	خ	ا	ا	ص	ر	ھ	ا	پ	ں
ذ	ی	ر	و	ل	ی	ک	و	ت	ن	ش	ک	ی	ف	ن	ا
ا	ک	ي	ط	ق	پ	ق	ن	خ	ص	د	آ	و	ث	ڈ	ب
ے	م	ي	ھ	غ	د	ن	م	ت	ح	ص	آ	ع	ھ	ج	ی
ت	ی	ئ	ا	ذ	غ	ظ	گ	س	ت	ڈ	ا	ت	ح	ب	م
ع	ں	ذ	ق	س	ه	-	ے	گ	ا	-	ح	ں	-	ص	ا
ت	ه	ھ	ز	ذ	ئ	ي	ی	غ	ے	ج	ز	ے	ی	خ	ر
و	ج	ک	ش	غ	ط	ق	ج	ل	ا	ت	پ	س	ه	و	ی
ٹ	ج	ه	ا	ب		گ	ر	خ	و	ر	ض	ز	ع	ت	ف
ص	ج	ذ	ژ	ئ	ط	ج	ل	ھ	-	ص	-	ڑ	ث	ن	ذ
ف	پ	-	ج	م	ض	ڈ	ا	ن	ا	ٹ	و	م	ی	ا	ذ
آ	ز	س	ں	ب	ج	-	ز	ں		ظ	غ	پ	ق	ؤ	ي

صحت مند
ہسپتال
حفظان صحت
انفیکشن
مساج
غذائیت
وصولی
تناؤ
وٹامن
وزن

الرجی
اناٹومی
بھوک
خون
کیلوری
پانی کی کمی
غذا
بیماری
توانائی
جینیات

40 - Disease

س	ڈ	ؤ	ٹ	ڑ	چ	گ	گ	ر	ش	ق	ی	ڑ	ح	ُ	-
ن	پ	خ	ے	-	ط	ح	ث	س	م	ؤ	ف	چ	ؤ	و	آ
ڈ	ی	خ	ل	پ	ط	ج	خ	ق	و	ن	ث	گ	ذ	ي	ں
ر	ت	ل	ٹ	ج	ض	ی	ٹ	ڑ	ر	گ	ؤ	ق	ک	و	و
و	ھ	ي	د	ر	ث	ن	ح	ب	و	م	د	ا	ئ	م	ی
م	و	ل	ف	ض	ڑ	ث	ن	ض	ث	ت	ی	س	ف	ن	ت
ن	ج	ی	ی	ں	غ	ت	ڈ	ذ	ی	ع	د	ہ	گ	ح	ا
ژ	ی	ر	د	ز	ح	س	ل	ض	ف	د	ش	ذ	ص	ط	ی
ن	ن	ی	ح	ذ	س	ا	ل	ر	ج	ی	س	ں	س	ژ	ن
ڈ	ز	ٹ	ی	پ	ا	ر	ھ	ت	پ	ل	م	و	ن	ر	ی
پ	ُ	ک	ث	ج	و	ل	ڈ	م	س	ج	ز	ی	ٹ	و	ج
ی	ڈ	ی	ش	س	ے	ا	و	ز	ئ	ش	ی	ڈ	ع	ز	ذ
ٹ	ض	ب	ں	ص	ٍ	ط	ت	ف	ک	و	ث	ہ	ظ	م	ذ
ر	ت	ک	آ	ط	ض	ے	ٹ	ق	ڈ	ک	ر	ک	خ	ک	آ
-	ط	ہ	ث	ٹ	ر	چ	ل	ذ	گ	ٹ	س	ت	ڈ	ڈ	س
غ	ق	گ	ژ	گ	ؤ	ذ	-	گ	ح	آ	ژ	ش	ؤ	ک	ڈ

پیٹ
شدید
الرجی
بیکٹیریل
جسم
ہڈیوں
دائمی
متعدی
جینیاتی
صحت

دل
موروثی
استثنی
سوزش
پیتھوجینز
پلمونری
تنفس
سنڈروم
تھراپی
کمزور

41 - Time

ر	ت	غ	ا	ب	د	د	ه	ا	ئ	ی	ڑ	چ	ک	جُ	ی
ه	ا	ث	ف	ح	ئ	و	د	ت	ظ	ڑ	ک	ل	ث	ُ	ژ
ا	غ	تُ	ج	ئ	ک	ح	پ	ک	ی	ل	ن	ڈ	ر	خ	ے
پ	ض	ُ	ؤ	س	ه	ک	د	ه	ن	ا	ل	ا	س	ض	ع
ز	ٹ	ھ	ص	ن	ح	ظ	غ	خ	رُ	ي	ل	ؤ	ں	پ	ا
ض	ژ	قُ	ع	ث	ح	ص	و	ؤ	ُ	ش	-	ٹ	ی	ئ	پ
م	س	ُ	ژ	ک	غ	خ	ژ	ت	ر	ے	ذ	ث	ئ	ں	ص
ق	س	ق	ز	آ	ن	ف	ض	ح	ث	ت	ج	م	ا	ه	ر
ش	ا	ھ	ع	و	ق	ث	ف	ه	ژ	ل	ژ	ع	د	ر	ز
ص	ل	ب	ق	ت	س	م	س	ف	ر	ڈ	ص	ط	ت	ب	ث
خ	ع	ا	پ	ؤ	ه	ذ	ت	ت	ج	گ	آ	ں	ب	ب	ک
گ	ھ	ن	ٹ	ه	خ	ج	ج	ه	ص	ب	ز	ح	ا	ع	-
ب	پ	ه	ل	ے	گ	ھ	ڑ	ی	ب	ٹ	ط	ؤ	ؤ	غ	ظ
م	ز	ڑ	ئ	پ	ک	ؤ	ن	د	ح	ڑ	و	ب	غ	ڑُ	ڈ
آ	ن	ظ	آ	ظ	ر	ش	ف	ص	ن	ف	ج	ا	ث	ُ	ؤ
د	ے	ٹ	ج	ھ	ڑ	غ	ي	ف	ھ	غ	ع	ف	ا	ئ	ق

سالانہ
پہلے
کیلنڈر
صدی
گھڑی
دن
دہائی
ابتدائی
مستقبل
گھنٹہ

منٹ
ماہ
صبح
رات
دوپہر
اب
آج
ہفتہ
سال
کل

42 - Buildings

ے	ن	ا	خ	ت	ر	ا	ف	س	ش	چ	ھ	ف	غ	ر	و
چ	ٹ	ڑ	ژ	ف	ُ	ج	خ	ڈ	ک	ج	ؤ	ں	ل	ے	ہ
س	پ	ر	م	ا	ر	ک	ی	ٹ	د	ژ	ث	ر	ح	چ	ا
ن	ز	ي	ی	ٹ	ض	ک	م	ز	ص	ت	ل	ک	غ	ہ	س
ت	ب	ط	ر	ی	و	ق	ہ	ہ	ق	م	ر	ئ	ب	ج	ٹ
ے	ت	ت	ٹ	ق	ک	خ	ب	ش	ج	ل	و	ذ	ڑ	ں	ل
ش	ل	و	ک	س	ا	ی	ا	س	ش	ف	آ	ٹ	ھ	ل	د
آ	ُ	ش	ی	ہ	غ	گ	ر	ن	م	ی	ڈ	ی	ٹ	س	ا
ہ	ب	ن	ف	ڈ	ي	ُ	ن	ی	ب	ہ	چ	و	-	ں	ا
ی	ر	ٹ	ر	ا	ب	ی	ل	م	ب	ں	ہ	ل	ئ	ا	پ
چ	و	ص	ہ	آ	ض	ع	ي	ا	ر	ف	چ	د	ت	ک	ا
ل	ا	ت	پ	س	ہ	ڑ	ظ	ض	غ	ی	ش	ھ	ت	ٹ	ر
ص	ٹ	ؤ	آ	ب	ز	ر	و	ی	ٹ	ر	ی	ک	-	ل	ٹ
ظ	ذ	ہ	ع	ل	ق	ُ	ت	ل	ا	ٹ	ی	پ	و	ے	م
ی	ٹ	س	ر	و	ی	ن	و	ی	ر	ب	ے	ی	ق	آ	ن
ڈ	گ	ڑ	م	ی	ز	و	ی	م	ن	ث	د	ڑ	ڑ	و	ٹ

اپارٹمنٹ
بارن
کیبن
قلعہ
سنیما
سفارت خانے
فیکٹری
ہسپتال
ہاسٹل
ہوٹل

لیبارٹری
میوزیم
آبزرویٹری
اسکول
اسٹیڈیم
سپر مارکیٹ
خیمہ
تھیٹر
ٹاور
یونیورسٹی

43 - Philanthropy

ت	ب	ٹ	ک	ژ	ئ	ا	م	ا	ل	ی	ا	ت	ہ	ُ	گ
و	ا	ف	ے	ے	ہ	ی	ط	ع	پ	ط	ے	ز	ں	پ	ف
ا	د	ر	ؤ	ہ	ض	م	ا	و	ع	ر	ر	ا	ب	ط	ے
خ	ر	ژ	ی	ئ	ز	ا	ف	ق	ا	س	و	ظ	چ	ف	حِ
س	ق	ا	آ	خ	ث	ن	م	ش	ن	ذ	ح	گ	م	-	
ب	ر	ا	د	ر	ی	د	ص	د	ق	ہ	ف	ت	ر	چ	ڑ
ن	ب	ُ	ھ	ے	پ	ا	ع	ا	ل	م	ی	ن	ا	ا	ب
و	ہ	م	ف	ھ	ت	ر	و	ر	ض	آ	آ	ی	ڈ	ر	م
ج	ر	چ	ر	ں	ؤ	ی	ت	ق	ب	ڑ	ث	ا	د	ز	آ
و	ذ	چ	گ	ر	و	پ	و	ں	ل	ژ	ز	ن	ی	ض	ش
ا	ش	ث	و	ؤ	ژ	غ	ی	ف	ض	ض	س	س	ق	ے	ئ
ن	گ	ن	ث	ژ	ث	غ	ی	ں	ع	ع	ث	ا	و	ے	ج
و	ع	ج	و	ٹ	ز	آ	خ	ک	ت	ن	ي	ن	ئ	ک	ض
ں	و	ط	ث	ُ	ر	ص	ذ	ا	ي	ن	ا	ی	ش	ھ	ضِ
ل	و	گ	د	ظ	ُ	م	ط	خ	ڈ	ھ	ہ	ت	ش	ش	ُ
م	ق	ا	ص	د	ؤ	-	ث	ذ	ے	ئ	ق	ت	گ	-	چ

صدقہ
برادری
رابطے
عطیہ
مالیات
فنڈز
سخاوت
عالمی
مقاصد
گروپوں

تاریخ
ایمانداری
انسانیت
مشن
ضرورت
لوگ
پروگرام
عوام
نوجوانوں

44 - Gardening

ھ	ت	ڑ	ا	ھ	ع	م	م	ژ	ڈ	و	آ	ڈ	ش	ن	ج
ژ	و	خ	ج	ل	ا	چ	و	ٹ	م	و	س	م	ی	م	ن
ک	ن	ٹ	ی	ن	ر	د	ح	ت	ی	ل	ن	ے	ت	پ	
ق	ي	ف	پ	ھ	و	ل	ز	ژ	ن	ب	ک	ٹ	پ	ذ	ي
ر	ں	ت	گ	ل	د	س	ت	ہ	د	ک	ھ	ل	ن	ا	ث
ھ	چ	ژ	د	ظ	ق	ذ	ا	ھ	ر	ظ	ت	ب	آ	و	ض
ف	پ	ڈ	ڑ	چ	ظ	س	ی	ے	و	-	ع	آ	م	ہ	ز
ن	ا	و	ک	ع	ن	ئ	ت	ک	خ	ص	ہ	آ	ن	و	ٹ
ؤ	ن	ہ	ے		ت	-	ا	پ	ل	ن	ف	د	ج	ب	ڈ
گ	ی	ؤ	ک	ا	ا	ں	ب	خ		م	ڑ	ک	ز	آ	ف
ن	آ	ع	ڑ	ڑ	آ	ط	ن	م	ب	ا	ر	ت	پ	ذ	ئ
د	غ	ا	ب	ی	ج	ا	ر	غ	ي	ٹ	ح	ی	آ	خ	ے
گ	ض	ق	ں	ي	ص	ڈ	ع	ڈ	ٹ	ش	م	ژ	غ	ي	ق
ی	ڑ	ھ	ح	غ	ھ	ظ	ھ	ئ	ع	ب	ذ	س	خ	ا	ي
گ	ڑ	پ	ظ	س	ؤ	ل	س	ڈ	ح	غ	آ	ح	آ	ڈ	آ
ٹ	ا	چ	ط	آ	گ	م	ھ	ذ	ہ	ب	و	د	ت	ص	ی

کھلنا
نباتیات
گلدستہ
آب و ہوا
ھاد
کنٹینر
گندگی
خوردنی
غیر ملکی
پھول
پتے
نلی
پتی
نمی
باغ
موسمی
بیج
مٹی
پانی

45 - Herbalism

ا	ا	ط	ر	خ	ا	ن	ح	ز	ق	پ	ک	ؤ	ڈ	ہ	ؤ
د	ز	و	س	ف	ئ	ک	ز	ع	ع	ت	ا	ر	ھ	ٹ	ک
م	پ	ث	ر	د	ب	ض	چ	ف	ص	ض	ف	ک	ف	ن	ا
ر	ؤ	غ	ا	ی	ص	ذ	ؤ	ر	ں	ذ	م	ف	ح	ا	ج
ے	س	ت	د	ی	گ	ق	ژ	ا	ظ	ش	ک	ح	ر	ل	ث
ک	ہ	ز	و	ے	ح	ا	د	ن	ظ	ر	ص	ؤ	آ	پ	ن
-	ں	ک	ب	ذ	ق	ا	ن	ي	پ	ے	ے	ف	خ	ب	ڑ
آ	س	-	ش	خ		م	م	و	ٹ	ظ	پ	ھ	و	ل	ذ
ح	ن	ف	و	گ		ت	ہ	ت	ب	غ	د	ڑ		ظ	ا
ص	ج	پ	خ	پ	خ	ز	د	ق	ا	پ	ھ	ب	ق	ع	ئ
ذ	ش	ر	ظ	د	ظ	ب	ئ	م	غ	ع	ژ	ں	ڑ	ک	ق
ک		ھ	ف	ن	و	س	ا	د	ت	ذ	ث	ق	ش	چ	ہ
ں	و	ھ	ن	س	ؤ	م	ف	چ	ي	ع	-	د	ش	ت	ئ
د	و	ن	ی	ہ	ڈ	ں	ج	ت	ل	س	ی	-	ف	ف	ھ
ج	ع	ب	د	ل	پ	ب	ز	ا	ا	ظ	ل	ر	غ	ف	ک
ز	-	ک	ر	ڈ	ن	ی	و	ی	ل	ا	س	ک	ٹ	ث	ڈ

خوشبودار
تلسی
فائدہ مند
پاک
سونف
ذائقہ
پھول
باغ
لہسن
سبز

جزو
لیوینڈر
کٹھرا
ٹکسال
اوریگانو
اجمود
پلانٹ
دونی
زعفران
طرخان

46 - Vehicles

غ	ت	س	ش	ر	ڑ	ک	ں	ر	ث	س	ب	ُ	خ	ک	ف
ے	ا	ڑ	ظ	ٹ	ا	ئ	ر	ٹ	و	م	ص	ب	ڑ	ش	س
ا	گ	ظ	ت	ض	ں	ؤ	ٹ	خ	ئ	ا	ا	ی	ئ	ت	ی
ی	ز	و	د	ب	آ	خ	و	پ	ٹ	ر	ث	ڈ	ط	ی	ذ
م	غ	ُ	ت	ف	ی	س	ک	ی	ٹ	ل	ه	ل	ف	ا	ق
ب	ذ	ض	ک	ه	پ	ی	س	پ	ظ	ڑ	ر	د	ج	ي	ا
و	ل	ڈ	ؤ	ق	ھ	ف	ا	ط	خ	ش	ذ	ٹ	ک	ظ	ک
ل	آ	م	ح	س	چ	ک	ڑ	ک	د	ڈ	ص	ں	ئ	ا	ق
ی	ع	ا	ظ	ف	ی	ر	ی	ڑ	ش	ژ	ع	ف	ر	د	خ
ن	ڈ	و	ے	ل	ع	ٹ	ب	ض	ي	د	آ	ُ	ڑ	ر	ر
س	ا	ئ	ی	ک	ل	ذ	ث	ں	ر	ؤ	ح	ل	ل	س	ا
ت	ظ	ه	ش	ڈ	ھ	ل	ض	م	ا	ح	ے	ظ	ُ	ب	ن
ز	ا	ه	ج	ی	ئ	ا	و	ه	ک	ش	و	ن	ض	و	ج
پ	ز	ث	ر	ٹ	ک	ی	ر	ٹ	ٹ	ٹ	ع	آ	خ	ے	ن
و	ٹ	ب	ژ	ت	ی	ع	ظ	ر	ت	گ	ؤ	ژ	ک	ف	چ
ز	ب	ژ	د	ژ	ث	ز	و	آ	غ	ؤ	ف	ص	ؤ	ه	ک

هوائی جہاز
ایمبولینس
سائیکل
کشتی
بس
کار
قافلہ
انجن
فیری
ہیلی کاپٹر

موٹر
بیڑا
راکٹ
سکوٹر
آبدوز
سب وے
ٹیکسی
ٹائر
ٹریکٹر
ٹرک

47 - Health and Wellness #1

ُ	ئ	ذ	ں	ط	خ	ب	ت	ہ	ب	ط	ب	ت	ک	ت	غ
ز	ظ	ظ	ے	ئ	ژ	ت	د	ا	ع	ھ	ں	ض	ف	ھ	ح
ق	ؤ	ع	ع	ُ	ظ	ب	ل	ر	ک	غ	و	ت	ر	ر	ز
ف	م	ف	ُ	خ	ھ	ز	ج	م	ہ	ز	ی	ک	ی	ا	س
ھ	ز	ئ	ل	ں	ح	ق	ق	و	و	ُ	ڈ	ن	ک	پ	ژ
ب	ح	ڑ	س	ل	ا	م	ط	ن	ا	ں	ہ	ی	چ	ی	ر
ا	ض	ط	ر	ا	ر	ی	ڑ	ز	ع	و	-	ل	ر	د	ت
ص	ظ	پ	ئ	ع	ش	س	ڈ	ہ	ل	ھ	ن	ک	ب	ض	ق
ع	ہ	ے	ا	ف	خ	ی	ب	ر	ا	ٹ	ح	چ	م	ث	گ
ا	ق	ب	و	ب	ل	م	ی	ی	ج	پ	ؤ	ض	ا	ق	ژ
-	ئ	د	ؤ	ظ	ہ	ر	ن	ب	ک	ں	ط	ح	ر	ئ	آ
ر	ے	ص	ک	ف	س	ا	ت	ہ	ہ	ٹ	ش	پ	آ	ق	ئ
س	ج	ے	ق	خ	ی	ف	ب	ُ	ؤ	و	ی	ط	ظ	پ	ُ
ش	س	ح	د	ش	ع	ش	غ	د	ذ	م	د	ر	آ	ض	ڑ
-	ں	ج	ھ	-	ؤ	ڈ	ا	ک	ٹ	ر	ھ	ے	ی	ث	چ
ح	غ	ج	ز	ج	ث	ش	ُ	ئ	خ	د	ظ	ی	ي	ا	ف

فعال
بیکٹیریا
ہڈیوں
کلینک
ڈاکٹر
فریکچر
عادت
اونچائی
ہارمونز
بھوک

طب
پٹھوں
اعصاب
فارمیسی
اضطراری
آرام
جلد
تھراپی
علاج
وائرس

48 - Town

ُ	ح	گ	س	پ	ھ	ذ	ش	ی	ص	گ	ا	م	چ	ہ	س
ا	و	ی	ٹ	ؤ	ُ	ع	ک	ط	ب	ی	ن	ک	ڑ	و	پ
ت	ں	ل	و	ي	ق	ذ	ظ	ت	گ	ف	ڑ	ا	ی	ٹ	ر
ا	آ	ر	ر	ڑ	م	ط	ش	خ	ڈ	ل	ل	آ	ا	ل	م
ں	ک	ی	ی	ض	ی	ژ	ر	ڑ	ی	و	ط	خ	گ	غ	ا
ف	ا	ر	م	ی	س	ی	ز	گ	ڈ	ر	ں	ئ	ھ	ک	ر
ع	م	ی	ڈ	ی	ٹ	س	ا	ل	ذ	س	ک	ہ	ر	ی	ک
آ	ی	ز	ث	م	ز	غ	ٹ	ي	ا	ٹ	ک	ی	ف	ے	ی
ف	ن	م	ہ	ص	ل	و	ئ	ن	ک	ئ	ی	ٹ	ب	ح	ٹ
ک	س	پ	ظ	چ	ں	ہ	ی	گ	ل	چ	ب	س	غ	ڑ	-
ہ	و	ا	ئ	ی	ا	ڈ	ے	م	ی	م	ا	ر	ئ	ہ	ہ
ت	ھ	ی	ٹ	ر	ؤ	-	ر	ٹ	ن	ا	س	و	ی	-	ھ
ن	ط	عِ	ھ	گ	ا	آ	ص	ک	ک	ر	ک	ی	ش	ر	ں
و	ج	ُ	س	ٹ	ژ	و	ح	ل	ذ	ک	و	ن	پ	ڈ	ی
ط	ڑ	ج	ک	ط	ش	ھ	ھ	ث	ت	ی	لِ	و	چ	ھ	ل
ش	ج	ذ	ف	ے	چ	ے	-	ر	ف	ٹ	ُ	ی	ھ	ہ	ہ

ہوائی اڈے
بیکری
بینک
کیفے
سنیما
کلینک
فلورسٹ
گیلری
ہوٹل
لائبریری
مارکیٹ
میوزیم
فارمیسی
اسکول
اسٹیڈیم
سٹور
سپر مارکیٹ
تھیٹر
یونیورسٹی
چڑیا گھر

49 - Antarctica

د	ض	ڈ	آ	ا	ج	ل	ں	س	ش	م	و	ئ	ض	ع	ت
ر	ب	ض	ں	و	د	ن	ر	پ	ا	ہ	ي	ژ	ث	ش	غ
ج	ر	ڈ	ؤ	پ	ن	ب	-	ح	پ	م	ع	س	ج	ب	ي
ہ	ا	ی	ذ	ژ	ک	و	و	ج	ژ	ہ	ی	ج	ھ	ے	پ
ح	ع	ل	د	ا	ب	ل	د	چ	ق	ے	ز	ص	ل	و	ز
ر	ظ	ق	ج	ز	ا	ئ	ر	ا	ک	ی	ش	و	و	ک	ج
ا	م	ت	ش	ض	گ	ق	خ	ھ	ر	ک	ع	ع	ئ	ص	ح
ر	ل	ن	ر	ظ	ح	ق	ت	ہ	ہ	ی	ف	ا	ر	غ	ج
ت	ھ	م	ا	پ	ی	ح	ن	ہ	ث	س	ر	ح	ٹ	خ	گ
ت	ھ	ڑ	گ	ؤ	ف	م	ذ	ب	ش	ن	ب	ل	ت	ے	ل
ذ	پ	ہ	غ	ظ	ا	اُ	خ	ژ	ر	ئ	آ	پ	ا	ن	ی
ص	ص	ت	ں	ڑ	ر	ُ	ڑ	ش	ت	ا	ظ	چ	ژ	آ	ش
ب	خ	پ	ظ	ز	گ	ا	ض	-	ڈ	س	ب	حِ	زِ		ی
-	د	و	ش	ط	و	ے	ش	ي	ي	و	ہ			ھ	ر
ٹ	ہ	ب	ڈ	ز	پ	ی	ظ	گ	ب	-	م	س	ف	ژ	ک
گ	ھ	ض	ہ	ت	ٹ	م	ھ	س	آ	ی	ض	ت	ے	م	ؤ

برف
جزائر
منتقلی
جزیرہ نما
محقق
راکی
سائنسی
درجہ حرارت
ٹپوگرافی
پانی

بے
پرندوں
بادل
تحفظ
براعظم
کوو
ماحول
مہم
جغرافیہ
گلیشیر

50 - Ballet

ئ م ُ ٹ پ ر ہ ظ ا ز ض پ د ر م ص
پ ن ی ع م ا س س ذ ن ٹ ب ئ د ئ د
ق ک ٹ ھ م ب ب ی ی ھ ہ ے ق ک ت س
م و س ی ق ا ر ج و ز گ ی ر ہ ٹ د
ج ر ف ز ق ف ا ں ض ڈ ق ف ق ف گ ڑ
ط ی - د ت ن ہ ج ن ں ی ز گ ک ص ہ
م و ڑ ا ح ک ظ ل ئ ا ٹ س ص ا ق ر
ہ گ ل ے ث ا ا ی ق ش ث ث ي ا و ا
ا ر س ظ ے ر خ ت ف گ ت س ڈ ا غ ش
ر ا ر ا ط ا ن پ ق ی ق ی س و م ا
ت ف ہ ص د ن ع چ خ ض ٹ ں ٹ - ف ت
ث ی ی خ غ ہ ں آ ئ ب غ پ ل - ط ک
ص ز ر ا ر ٹ س ک ر آ ظ ن ڈ چ ئ ن
ڑ و م ھ ٹ ھ س ع و ل و س پ ز گ ی
ظ ز پ ج آ ژ ف ج ت ہ ے ط ر ص ث ک
ھ د ڑ ئ پ ش ي ذ ڈ ؤ ظ ی ت د ش س

فنکارانہ
سامعین
کوریوگرافی
موسیقار
رقاص
اظہار
اشارہ
شدت
اسباق

پٹھوں
موسیقی
آرکسٹرا
ریہرسل
تال
مہارت
سولو
سٹائل
تکنیک

51 - Fashion

غ	ک	س	ُ	پ	خ	ن	ف	ب	ئ	ب	د	ی	د	ج	ئ
ر	ف	گ	ب	ل	ت	و	ض	ن	ٹ	ب	ک	ث	ن	ز	ژ
ج	ُ	ئ	ئ	ٹ	ں	ص	ب	ت	ن	پ	ا	گ	ن	ہ	م
ح	ی	غ	خ	ی	ت	س	س	ص	ج	ے	ن	آ	-	ر	ث
ا	ر	ح	ش	ئ	ا	م	ی	پ	و	س	ذ	ض	ع	ی	ی
ن	ت	ق	و	ا	ن	م	و	ن	ہ	ر	ٹ	ش	ئ	ا	-
ش	ش	ا	م	ھ	ص	-	ے	ش	ب	ؤ	ت	ا	ي	ص	ل
ي	ژ	ژ	غ	ڑ	ڈ	ل	غ	د	ث	ؤ	آ	گ	ئ	ر	ق
ل	ے	ڑ	پ	ک	ب	ہ	ل	ذ	ل	ی	س	ذ	ڈ	ل	ث
ئ	ک	م	ئ	خ	س	ن	ب	ئ	آ	ل	ں	ذ	خ	ب	ک
د	ھ	ض	ظ	ر	ق	ف	ق	گ	ط	و	ب	پ	ظ	خ	ص
پ	س	پ	ق	خ	ف	ی	ل	م	ع	م	ج	س	چ	ظ	-
ک	غ	ظ	ئ	د	م	س	ھ	ئ	ژ	ع	ت	ا	ن	ي	ج
ژ	ع	ش	ے	غ	ل	ع	ہ	ط	ف	م	ی	د	ھ	ے	ش
ح	ي	-	ں	ف	ج	ژ	ع	ڑ	ف	چ	ظ	ہ	ڈ	رُ	ڈ
-	ل	ی	پ	ج	ق	ٹ	پ	ط	ک	ف	ی	ے	ل	ُ	ع

سستی
دکان
بٹن
کپڑے
خوبصورت
کڑھائی
مہنگا
لیس
پیمائش
جدید

معمولی
اصل
نمونہ
عملی
سادہ
نفیس
سٹائل
بنت
رجحان

52 - Human Body

ض	ژ	ظ	ل	ب	ھ	ک	ن	ڈ	د	ح	ے	غ	ک	خ	ح
ں	و	ی	ڈ	ہ	ط	ہ	ن	م	م	گ	چ	د	ي	ہ	ف
ن	و	خ	ے	ژ	ا	ن	خ	ي	ا	ن	ٹ	ھ	گ	ح	ج
ا	ک	ن	د	ھ	ے	ی	د	ڑ	غ	ٹ	ا	ن	گ	ح	ں
ک	ا	د	خ	ی	ڑ	و	ھ	ٹ	خ	ق	ض	ف	ل	ک	ب
-	ن	ر	س	ٹ	ب	-	ژ	ظ	غ	ں	ڈ	ا	ع	غ	ی
ض	ق	گ	ج	ن	ج	غ	د	ذ	ے	چ	غ	ظ	ے	ح	ؤ
ن	ز	ٹ	ہ	ژ	ل	ڈ	ج	آ	ض	ر	ب	ج	ز	ح	خ
ژ	چ	چ	ک	ک	ط	ت	ی	ل	غ	ؤ	ے	ڈ	ع	ل	ي
ک	ا	ص	ف	ُ	د	ز	پ	ژ	د	م	ہ	ا	ت	ھ	گ
غ	ن	ا	ف	ئ	ز	ژ	غ	ت	م	ژ	ں	گ	و	ل	ی
-	گ	ع	پ	ش	ي	ے	ي	ھ	ؤ	ث	م	ی	ض	ق	ط
ذ	ل	ژ	ع	گ	ع	خ	ظ	ڑ	ں	ُ	ت	ش	ژ	ئ	ب
د	ی	م	ط	گ	ض	ص	ی	ي	ئ	ی	غ	ف	ؤ	ٹ	ٹ
ع	ل	چ	و	ُ	ہ	پ	ڈ	ھ	ح	ے	و	ک	ی	ٹ	ئ
ذ	د	ل	ض	ح	ض	ھ	گ	س	ي	آ	ط	چ	ہ	ر	ہ

ٹخنوں
خون
ہڈیوں
دماغ
ٹھوڑی
کان
کہنی
چہرہ
انگلی
ہاتھ

سر
دل
جبڑے
گھٹنا
ٹانگ
منہ
گردن
ناک
کندھے
جلد

53 - Fruit

و	ئ	ژ	م	ؤ	خ	ز	ڑ	چ	ج	ق	آ	ت	ک	آ	ذ
گ	ا	مُ	ر	و	د	ئ	ق	س	ئ	د	ر	د	ژ	ر	ُ
س	ض	ُ	ب	ب	ق	ر	آ	ض	غ	ؤ	ہ	و	ق	ز	غ
آ	ذ	ا	ز	ی	ص	چ	م	-	ؤ	چ	ے	-	ژ	ز	ا
م	ن	ج	ع	ن	ض	ی	ں	چ	ض	ے	ق	ی	ڑ	ع	ج
ی	س	ہ	ت	ب	ر	ر	ؤ	ن	س	ص	ف	گ	ڈ	س	ح
ؤ	ا	ت	ی	پ	پ	ی	و	ي	ک	ی	خ	ح	ب	ب	ج
ب	ن	س	م	ھ	غ	م	ی	ں	چ	ذ	ک	چ	ی	ن	ز
ا	ن	و	ڈ	ا	ک	ا	و	ی	ا	ی	چ	پ	ر	ن	ؤ
چ	ا	ب	آ	ڑ	ح	ل	ڑ	ذ	و	ت	و	ض	ی	ا	ژ
ي	ع	ذ	ج	ا	ب	ی	آ	ی	ص	ا	ن	ج	ی	ر	ذ
پ	ڈ	ئ	ر	ی	ژ	ک	آ	ے	ہ	پ	ژ	ظ	ڈ	ی	ا
ت	ر	ب	و	ز	ز	ئ	ق	د	ب	ش	ڈ	ت	ے	ل	-
وُ	غ	ب	گ	خ	ژ	ژ	ذ	ھ	ر	ا	-	غ	ح	ن	غ
	ض	د	ن	ی	ک	ر	ٹ	ا	ئ	ن	خ	صِ	-	ش	ڈ
ت	ا	ق	ا	ح	ص	ز	آ	ر	ی	ض	ت	ُ	پ	غ	ظ

سیب
خوبانی
ایواکاڈو
کیلا
بیری
چیری
ناریل
انجیر
انگور
امرود

کیوی
نیبو
آم
تربوز
نیکرٹائن
پپیتا
آڑو
ناشپاتی
اننانس
تُوت

54 - Engineering

ی	ئ	ا	ر	ہ	گ	آ	ر	ی	ھ	چ	م	گ	ف	ت	س
ئ	خ	-	ٹ	د	ب	ک	ذ	ر	و	ی	ل	ز	ی	ڈ	ا
ا	ر	ھ	و	ں	ش	ف	ص	م	و	ز	ا	و	ی	ہ	خ
ن	ن	ژ	م	ی	ج	ض	ٹ	ا	ژ	ح	چ	ت	ف	ر	ت
ا	ی	ج	گ	ح	ں	ط	غ	ئ	ڈ	س	م	ق	ث	ں	ن
و	ق	ت	ن	ض	ے	گ	ژ	ع	س	ا	ج	ڑ	م	ي	ث
ت	ق	ا	ط	پ	ی	م	ا	ئ	ش	ب	ی	ڑ	غ	ش	غ
م	ش	ی	ن	ا	س	ت	ح	ک	ا	م	ق	د	ا	ص	ا
ز	و	ض	ت	ع	م	ی	ر	ن	ژ	ج	ط	ي	ڑ	ڑ	ھ
ج	ز	ی	ےُ	ؤ	آ	ا	ج	ي	چ	ذ	ر	ز	ُ	ی	ک
ب	ي	ل		ہ	گ	ع	ہ	ي	ش	ع	ت	س	ح	پ	ب
س	ؤ	ي	ذ	ح	ی	س	ُ	و	ر	گ	ڑ	ق	ط	ا	ع
ا	ح	ئ	ي	ٹ	ذ	گ	ج	و	ے	آ	ھ	ص	س	چ	ج
ی	ا	پ	ے	ع	ب	ڑ	ط	ض	ز	ت	ڑ	س	ب	ی	س
ز	ا	ک	ھ	و	ز	ج	ش	ن	ص	ش	ڑ	ض	ب	ا	م
آ	ش	ڈ	ں	ژ	چ	غ	ی	ئ	ھ	خ	ع	ں	ن	ہ	ی

زاویہ
محور
حساب
تعمیر
گہرائی
آریھ
قطر
ڈیزل
تقسیم
توانائی

انجن
رگڑ
لیور
مائع
مشین
پیمائش
موٹر
استحکام
طاقت
ساخت

55 - Government

ڑ	د	ش	ب	خ	ج	ں	ض	ُ	غ	ق	ج	ذ	آ	ن	ط
آ	ئ	ی	ن	ک	ي	آ	ڑ	غ	ط	ت	م	ا	ل	ع	ذ
آ	ا	ڈ	و	پ	د	ه	م	ر	ف	ئ	ه	ش	غ	ج	ح
ر	ش	ج	ن	ر	ی	ر	ق	ت	ی	ل	و	س	ف	ں	ه
ق	ش	چ	ا	ا	م	س	ا	و	ا	ت	ر	آ	-	ت	ے
ھ	ا	ه	ق	م	م	ا	ن	ص	ا	ف	ی	ئ	ب	ر	چ
گ	ث	ن	ر	ن	ق	و	م	ی	پ	ر	ت	ؤ	ح	ا	ٹ
ق	ڈ	ل	و	ی	ت	ل	ا	د	ع	ت	د	و	ث	گ	ز
ٹ	-	ظ	ل	ن	ت	س	ا	ی	س	ل	آ	ز	ا	د	ی
ن	آ	ع	ڈ	ئ	ی	خ	د	ز	ئ	ا	ض	ُ	س	ا	ت
ش	ق	خ	ُ	ي	خ	ڑ	ف	و	ت	ح	ئ	ڑ	ح	ی	ا
ظ	و	ذ	د	م	ح	ت	ذ	ک	ژ	ئ	آ	ل	ط	ھ	ح
ڈ	م	ھ	خ	ث	و	س	ت	چ	ت	و	د	ث	و	ص	ی
ع	ر	د	ج	ڑ	ظ	س	ذ	ُ	ذ	ق	ک	ٹ	ی	ص	ڑ
ز	ه	ث	ظ	ژ	ژ	ع	ُ	ن	ں	ُ	ُ	و	ق	ه	د
ظ	ز	ط	ے	پ	ق	ڈ	آ	آ	ں	ں	ن	ق	ؤ	ڈ	ڈ

شہریت
سول
آئین
جمہوریت
بحث
ضلع
مساوات
عدالتی
انصاف
قانون

قانونی
آزادی
یادگار
قوم
قومی
پرامن
سیاست
تقریر
حالت
علامت

56 - Science Fiction

ھ	ش	ُ	ک	ُ	خ	ج	ڈ	ظ	ث	د	ڈ	چ	ث	ع	د
ے	ب	د	و	ؤ	ی	ط	ع	ؤ	ئ	ا	س	آ	ح	ٹ	ھ
م	ز	ل	ڈ	ں	ا	ش	ک	ہ	ک	ط	ٹ	ا	ث	ج	م
ُ	ي	ض	ک	ی	ل	س	ب	خ	ي	ئ	و	و	ن	ط	ا
ج	و	ہ	ر	ی	ی	ہ	ر	ا	ی	س	پ	ک	ب	د	ک
س	ں	ت	ک	ي	ر	س	م	گ	ق	ص	ی	ل	م	و	ے
ک	ی	م	ی	ک	ل	و	ن	ہ	س	ر	ا	و	س	ث	ر
ض	ب	ق	ہ	ڑ	ف	ش	ا	ی	ن	د	ی	ن	ت	ژ	ا
پ	ا	پ	ر	ؤ	ف	ذ	آ	ئ	م	ج	پ	ک	ق	و	ر
ص	ت	ط	ت	ع	ع	ُ	آ	ا	ت	ا	و	ف	ب	م	س
ط	ک	آ	گ	ش	ئ	ؤ	ژ	ہ	ئ	گ	ٹ	ک	ل	ں	ا
چ	ب	ن	ٹ	خ	ر	ں	ا	ت	ک	ظ	و	غ	ھ	و	ر
ک	ط	س	ت	چ	د	پ	ص	ن	ڑ	غ	ی	س	ل	پ	پ
ڈ	ڈ	ن	ُ		ڈ	و	ژ	ا	ھ	پ	ک	د	آ	آ	ی
ٹ	ی	ک	ن	ا	ل	و	ج	ی	چ	ٹ	ف	س	ذ	د	ہ
ع	ض	ے	آ	ظ	ي	ھ	ن	ي	پ	ا	ش	ھ	ث	ر	پ

جوہری
کتابیں
کیمیکل
سنیما
کلون
ڈسٹوپیا
دھماکے
انتہائی
آگ
مستقبل
کہکشاں
برم
خیالی
پراسرار
اوریکل
سیارہ
روبوٹ
ٹیکنالوجی
یوٹوپیا
دنیا

57 - Geometry

ؤ	م	ث	ب	ج	ع	ش	ؤ	ذ	ح	س	ا	ب	ف	آ	غ
ھ	ٹ	گ	ڑ	ٹ	خ	ہ	ٹ	-	ژ	ف	پ	س	ژ	ز	ر
ج	ج	م	ے	ن	ظ	ر	ی	ہ	ق	ف	ص	ا	ہ	ں	ح
ص	ظ	ت	پ	م	ي	ئ	ز	ی	ا	-	د	ن	ث	ت	ئ
د	س	و	ی	گ	ح	ا	د	و	ک	ک	ش	ت	ت	ص	ؤ
ں	ش	ا	م	ی	ز	د	ا	ا	گ	ط	ُ	ب	ر	ؤ	ہ
ث	ھ	ز	ا	س	ع	ا	ؤ	ز	ظ	ُ	ظ	ئ	س	ا	ر
ا	ہ	ی	ن	غ	ز	د	م	ئ	ب	ژ	ھ	چ	ڈ	ص	ک
ي	ت	م	ے	ض	آ	ع	ب	ن	ژ	ک	ن	ت	و	د	خ
ا	ؤ	ص	پ	ں	غ	ت	ن	ص	م	ت	ا	و	ا	س	م
و	ز	ل	ر	ھ	ز	پ	ش	ن	ا	آ	ذ	ط	ث	غ	ح
ن	ڑ	ؤ	ز	ؤ	ڑ	ق	ط	ر	ض	ر	ع	و	ل	و	ط
چ	م	ع	ض	ں	ذ	ق	س	ذ	ڈ	خ	ڈ	خ	ث	ف	س
ا	ز	ن	ز	ا	و	ت	و	ش	ی	ا	ڈ	ہ	م	ی	ث
ئ	ف	ا	ت	ؤ	ر	ظ	ا	ظ	ي	ذ	گ	ؤ	خ	ئ	ظ
ی	ت	ل	ئ	ظ	پ	س	آ	ن	ع	ث	ز	م	ط	ے	ی

زاویہ
حساب
دائرہ
خم
قطر
طول و عرض
مساوات
اونچائی
افقی
منطق

بڑے پیمانے پر
اوسط
تعداد
متوازی
تناسب
سیگمنٹ
سطح
توازن
نظریہ
مثلث

58 - Creativity

ي	گ	ں	پ	پ	ل	ک	د	م	ُ	ي	ے	م	ل	ڈ	ل
ڑ	ں	ش	ظ	ژ	پ	م	ت	ی	ہ	ٹ	ؤ	ح	ں	ر	ھ
ل	ہ	ا	ژ	ں	ے	-	م	ع	ذ	ے	غ	و	ع	ا	د
ؤ	ھ	ں	ر	ص	ط	ک	ہ	ا	ف	پ	ط	ذ	ے	م	ئ
ا	ژ	ز	ص	ں	ہ	ن	ا	ر	ا	ک	ن	ف	ص	ا	ؤ
ز	ن	د	گ	ی	و	ا	ر	ت	ق	ا	د	ص	ؤ	ئ	ع
ت	خ	ی	ل	آ	چ	چ	ت	خ	ر	ط	ح	ع	غ	ی	ژ
ح	-	گ	ہ	ن	-	ا	د	ا	ی	ی	ث	ع	و	ں	ذ
ا	ن	ا	ں	ٹ	ٹ	ش	غ	ذ	و	پ	ر	ش	گ	ی	ے
ض	ا	ھ	پ	آ	ظ	ق	چ	گ	ص	ر	ت	پ	ز	آ	ھ
و	ص	ق	ڈ	ؤ	خ	م	آ	ک	ت	ا	ل	ا	ی	خ	ل
آ	ن	ا	ھ	ت	ش	ج	ر	ت	ن	ا	ک	ی	د	ھ	م
ُ	ت	ش	ح	ژ	-	ے	ت	ا	س	ا	س	ح	ا	ي	ں
گ	ق	ؤ	ق	س	ز	آ	پ	ب	ہ	ُ	چ	ژ	ش	د	ت
د	پ	پ	ر	ص	ا	ؤ	ُ	ذ	ش	ظ	ج	ظ	آ	س	ٹ
ں	ث	ع	م	چ	چ	س	ژ	ج	ذ	ڈ	ا	ص	آ	ڑ	ڑ

فنکارانہ
صداقت
وضاحت
ڈرامائی
جذبات
اظہار
احساسات
خیالات
تصویر

تخیل
پریرتا
شدت
انترجشتھان
اختراعی
احساس
مہارت
اچانک
زندگی

59 - Airplanes

ئ	ں	پ	د	ه	ل	م	ع	ا	ک	ب	ث	ه	آ	غ	ن
ی	ر	ل	ی	پ	و	ر	پ	و	س	م	ت	ا	ب	ے	چ
ض	ٹ	ُ	ق	ے	ع	ا	ل	ن	ه	پ	و	ئ	ق	ر	ظ
غ	ڈ	ز	ن	ا	ش	م	ت	چ	ا	چ	گ	ی	ی	ر	گ
ه	ں	م	ض	ذ	ص	ڑ	ا	ا	س	ک	ظ	ڈ	غ	ڑ	و
ر	ف	ا	س	م	ئ	ق	ت	ئ	پ	ؤ	ث	ر	ھ	ی	ب
ا	ي	د	ض	ت	ُ	آ	ر	ی	م	ع	ت	و	ص	ف	ي
ب	ن	ز	ئ	-	ا	ر	ڑ	ج	غ	ق	ڑ	ج	ظ	ع	ٹ
غ	ھ	ج	ه	ا	ڑ	ذ	ن	ظ	م	ث	ک	ن	ط	ث	ه
آ	د	گ	ن	ڈ	ن	ی	ل	ٹ	ڑ	ؤ	س	ج	ه	ُ	ن
ڈ	ن	ث	ع	م	ا	ح	و	ل	و	ز	ن	ض	خ	پ	گ
خ	ی	ر	ا	ت	م	ں	ص	ئ	ت	ڑ	ے	ئ	آ	ڈ	ا
ص	ا	ز	آ	ف	س	ژ	ے	ا	ں	ت	ح	ش	ھ	گ	م
ڈ	ڈ	س	ا	ج	آ	غ	ط	پ	ح	ژ	-	آ	ث	ي	ه
ڈ	ذ	ر	س	ئ	ش	-	د	ش	ئ	ش	م	ے	ي	ا	ُ
ل	ژ	م	ح	ح	ن	ب	چ	ژ	ئ	خ	ط	ظ	ض	پ	ٹ

سابسک
ہوا
ماحول
غبارہ
تعمیر
عملہ
نزول
ڈیزائن
سمت
انجن
ایندھن
اونچائی
تاریخ
ہائیڈروجن
لینڈنگ
مسافر
پائلٹ
پروپیلر
آسمان
ہنگامہ

60 - Ocean

ھ	ص	چ	ذ	د	و	ص	ہ	ث	ن	ا	ف	و	ط	ئ	س
ط	ح	ا	ل	ب	ہ	ں	م	ض	ب	م	ز	آ	پ	ل	ط
ع	ح	د	ر	ئ	ی	ي	م	د	ے	ڈ	ک	ک	ر	ا	ش
ے	ی	پ	و	ک	ل	ا	ک	ک	ژ	ڑ	ن	ٹ	ؤ	پ	ھ
-	ڑ	غ	ک	ن	آ	د	ظ	ف	ش	ا	ڈ	پ	ز	ق	د
م	ف	ک	ف	ا	ٹ	ؤ	چ	پ	ق	ت	ں	س	م	ک	ر
ج	ی	ل	ی	ف	ش	ی	ک	ن	ع	ؤ	ی	ڈ	ئ	ڈ	ح
ن	ر	آ	ل	ک	چ	ھ	ی	ظ	ز	ہ	ر	ہ	ٹ	ت	ن
پ	ے	س	ھ	-	ؤ	ظ	-	ر	ط	-	ہ	ل	ط	آ	ذ
س	ژ	ت	چ	ز	ل	گ	و	ر	ن	ف	ل	وُ	ڈ	ی	ٹ
ح	ت	ک	م	چ	ٹ	ق	ں	ؤ	ت	ھ	ق	ُ	ں	ٹ	م
ٹُ	ا	ئ	ی	ڈ	ز	ن	ن	ش	کُ	ت	ی	ص	ا	و	پ
ُ	-	ل	ع	س	ط	چ	خ	س	ُ	ت	س	ا	م	ن	م
ج	ڈ	ط	گ	غ	چ	پ	گ	ی	ف	غ	چ	ص	ن	ا	ڑ
ا	چ	ل	ژ	ک	ڑ	ک	و	ی	ر	ط	آ	ں	ث	يُ	ہ
م	ؤ	ج	ٹ	ح	غ	ت	چ	ل	ز	ؤ	ت	ص	ڑ		ج

طحالب
کشتی
کورل
ڈولفن
ئل
مچھلی
جیلیفش
آکٹپس
شکتی
ریف
نمک
شارک
کیکڑے
سپنج
طوفان
ٹائیڈز
ٹونا
کچھی
لہریں
وہیل

61 - Force and Gravity

ک	ج	ع	ق	چ	س	ا	ں	غ	ع	ژ	د	ا	ب	ق	ن
ق	پ	ا	ل	ب	ن	ث	ح	ج	ژ	ہ	ف	ا	-	ح	ز
ن	ئ	ز	ا	ظ	و	ر	ٹ	خ	پ	ی	م	گ	خ	ف	خ
ت	ذ	ب	ڑ	ف	ط	ی	ئ	-	ت	ے	ي	ز		ل	ظ
و	ز	ن	آ	ژ	ث	م	ر	ک	ز	ع	ذ	غ	ع	ا	ف
ر	ف	ت	ا	ر	ے	ڈ	خ	ر	ق	س	ہ	ک	ا	ژ	ی
ہ	گ	ق	ڈ	ز	ھ	م	ر	ت	گ	ک	ي	ؤ	ل	-	ن
و	ط	و	م	م	ح	و	ر	ف	ا	ن	ں	ز	م	ق	غ
پ	ے	ڈ	د	ت	ظ	ض	ٹ	ا	-	ی	ي	ڑ	گ	ر	ع
ف	ن	گ	ا	و	د	ڑ	ک	ی	ط	ک	ع	ژ	ی	ح	ژ
آ	ا	س	ر	س	ل	ظ	ؤ	ر	ے	ی	ک	ی	ر	ح	ت
ط	و	ص	ت	ی	ت	ی	-	د	م	م		د	ب	ا	ؤ
ت	ي	ژ	ل	ع	ي	ت	غ	ئ	د	ت	پ	ؤ	ھ	ط	ل
ض	س	چ	ت	ے	ر	ا	ی	س	ظ	ف	ح	ے	ق	ڈ	پ
م	ق	ن	ا	ط	ی	س	ی	ت	ت	گ	ہ	ر	ط	گ	م
ھ	ہ	ڈ	ؤ	چ	د	ظ	د	ع	پ	ج	ج	س	ک	ڈ	ج

تحریک
مدار
طبیعیات
سیارے
دباؤ
رفتار
وقت
عالمگیر
وزن

محور
مرکز
دریافت
فاصلے
متحرک
توسیع
رگڑ
اثر
مقناطیسیت
میکینکس

62 - Birds

ژ	چ	ج	ک	ع	ظ	ل	ي	ط	ذ	ژ	ي	ه	ه	ئ	آ
ب	ط	خ	و	و	د	ئ	س	م	ا	ف	ش	ل	خ	س	آ
ئ	ب	-	ا	ث	-	چ	ص	-	ٹ	ب	ک	ٹ	و	گ	ض
ؤ	ي	ذ	ل	ئ	ؤ	ک	ڑ	ع	ھ	ع	ط	ه	ظ	و	ظ
ئ	ھ	ن	گ	پ	ا	ز	ڈ	ی	و	ب	چ	ي	گ	ر	ب
ژ	ص	غ	ب	ے	ن	ا	و	س	ا	پ	ی	ل	ی	ک	ن
ث	ُ	د	ھ	ش	ڈ	ک	ع	ن	ؤ	گ	ع	ژ	-	ک	آ
ا	ں	ک	ط	ک	ے	م	چ	ه	گ	ل	گ	ی	ا	ف	ُ
ط	و	ط	ا	ف	ذ	ل	ھ	ح	ا	ی	ذ	غ	ض	ل	ذ
ز	گ	پ	ی	ن	گ	و	ئ	ن	ه	و	ی	غ	ٹ	ی	ؤ
ه	ح	ر	ں	ص	و	غ	ش	ث	ط	ک	ف	ع	و	م	ں
غ	-	ص	ق	ظ	د	ر	ک	ی	ن	ر	ی	ش	ک	ن	د
ن	ں	ؤ	ظ	ت	ُ	م	ی	ح	ؤ	و	پ	پ	ن	گ	گ
ل	م	د	ق	ش	ڑ	ر	گ	ه	ش	م	ڈ	ي	ظ	و	ں
ث	ط	خ	ل	ئ	ٹ	ت	ح	ي	ظ	ؤ	ژ	د	ق	ف	ے
چ	ے	ز	خ	ط	ں	ش	ل	ب	و	ا	ڈ	ظ	ڑ	چ	چ

کینری
چکن
کوا
کویل
بطخ
ایگل
انڈے
فلیمنگو
ہنس
گل
ہیرون
شتر مرغ
طوطا
مور
پیلیکن
پینگوئن
چڑیا
بگلا
سوان
ٹوکن

63 - Nutrition

ٹ	پ	ژ	ٹ	ظ	ا	گ	ت	ي	ک	ؤ	ا	ی	ز	ک	ه
ک	ا	ر	ا	ی	ع	م	م	ت	و	ا	ز	ن	ئ	ا	د
ی	ذ	ک	و		ع	م		ک	ج	ؤ	ح	م	ی	ر	م
ف	غ	ب	س	ٹ	م	ص		ش	ه	ا	ض	م	ه	ب	ث
	ں	س	ض	ن	ی	ص	ز	ب	ھ	و	ک	-	ث	و	ط
خ	و	ر	د	ن	ی	ن	ٹ	چ	ذ	ؤ	ؤ	ص	ے	ه	گ
ب	ک	ت	ن	ز	ر	گ	ژ	پ	ا	ط	گ		ع	ا	ي
ک	ث	ڈ	م	و	و	ج	ی	ز	ئ	ظ	ض	ا	ح	ئ	ں
ی	ی	ش	ت	ق	ل	س	ا	ط	ق	ي	ڑ	چ	ئ	ی	س
گ	ت	ض	ح	ت	ی	و	م	ص	ه	پ	ث	ڑ	ص	ڈ	ع
ؤ	پ	ژ	ص	ت	ک	ٹ	ف	ے	م	ر	ش	ش	خ	ر	ا
ط	س	ک	خ	ڑ	ڑ	ا	پ	ٹ	ص	ي	ی	ا	آ	ی	د
ژ	ے	ق	ق	ل	خ	م	ط	ٹ	گ	ٹ	ي	ز	ت	ٹ	ا
غ	ذ	ا	ئ	ی	ت	ن	ه	ب	چ	ا	ب	ا	ل	چ	ت
ک	ژ	ص	ح	ت	خ	ل	س	ش	ص	د	ع	ڑ	ش	پ	ں
ڑ	ے	ا	آ	ئ	ي	ں	پ	ب	ج	ق	ؤ	غ	س	چ	د

بھوک
متوازن
تلخ
کیلوری
کاربوہائیڈریٹ
غذا
ہاضمہ
خوردنی
ابال
ذائقہ

عادات
صحت
صحت مند
غذائیت
پروٹین
معیار
چٹنی
ٹاکسن
وٹامن
وزن

64 - Professions #1

ج	ک	و	چ	ی	گ	ن	ح	ڑ	-	ڑ	ر	م	پ	پ	م
و	ا	ے	د	ج	ض	ج	ج	ڈ	ک	ڑ	ا	ئ	ل	ا	ا
ہ	ر	ن	ق	ض	ت	ں	ط	و	ئ	ہ	پ	م	ہ	ث	ک
ر	ٹ	-	م	و	س	ی	ق	ا	ر	ن	ب	ر	ص	ظ	د
ی	گ	ث	ج	ں	غ	ٹ	ض	ف	ر	ر	ن	ک	ا	ش	ف
ے	ر	ن	ؤ	ح	ب	ڑ	ل	و	پ	ف	پ	ن	ق	ر	ت
ث	ا	ؤ	ؤ	غ	پ	ک	ن	ر	س	ژ	ش	ی	ر	ت	م
ط	ف	د	ر	ز	ی	-	چ	ی	ق	ر	و	ب	ٹ	ض	د
د	ر	غ	ج	ا	ڈ	ق	ا	ن	ے	ے	چ	ظ	ی	م	ی
ر	ص	چ	ت	ئ	ا	ت	ڑ	ر	م	ں	ک	ح	ڈ	ت	م
غ	ئ	آ	ُ	ے	ک	ص	و	ا	ع	ی	ت	ا	ی	س	ل
پ	ی	ا	ن	س	ٹ	ا	ق	ٹ	ُ	ژ	س	ے	ا	ف	ا
م	ا	ہ	ر	ا	ر	ض	ی	ا	ت	ہ	ا	و	چ	ی	ح
ذ	م	ذ	ہ	ز	ص	ژ	ث	آ	ظ	ٹ	غ	ج	د	ر	آ
ی	چ	ُ	آ	ن	چ	خ	ر	ض	ی	ر	ا	ک	ش	خ	ت
ب	ض	ؤ	و	ز	ج	م	ی	ن	ی	ہ	غ	ت	ق	ہ	ذ

سفیر
ماہر فلکیات
اٹارنی
بینکر
کارٹگرافر
کوچ
رقاصہ
ڈاکٹر
ایڈیٹر
ماہر ارضیات

شکاری
جوہری
موسیقار
نرس
پیانسٹ
پلمبر
ماہر نفسیات
ملاح
درزی
پشوچکتسا

65 - Barbecues

ذ	ٹ	ر	ہ	ث	گ	ک	ھ	ژ	ب	خ	ب	ؤ	ق	س	ل
ق	م	س	ع	-	ر	ر	ن	ڈ	ھ	ا	ک	ھ	ی	ل	ن
د	ب	ط	ص	ں	م	ش	ں	ق	و	ن	ڑ	ٹ	ض	ا	چ
پ	ب	ض	ڈ	ي	ں	ض	ل	ز	ک	د	ل	ھ	پ	د	ی
ت	ئ	م	ذ	ن	ی	ک	ھ	ا	ن	ا	ف	ت	س	ف	غ
ک	ی	ص	م	ز	ق	ؤ	ع	چ	ش	ن	گ	-	ط	-	ر
ر	-	ک	ک	ع	ی	آ	ج	ز	د	ل	ر	گ	ژ	ُ	چ
ا	م	ر	گ	م	س	و	م	و	پ	ئ	ٹ	ک	ع	ا	ن
ہ	ؤ	ل	ق	ھ	و	و	س	ز	ج	ع	ا	ا	ق	س	ں
ش	ی	ش	ق	گ	م	ت	ک	ی	گ	ز	م	و	ص	ز	ف
ں	ز	گ	چ	س	و	ص	ر	ن	ک	چ	ٹ	ھ	ب	گ	ث
ے	ڑ	ں	ص	ں	چ	م	و	ڈ	ڈ	ی	ن	ٹ	چ	ن	ہ
ق	خ	ج	ڈ	ا	م	ڑ	ف	ک	د	آ	ہ	ص	ل	ے	ئ
ط	ھ	ِ	ک	خ	ے	ی	ع	گ	ہ	ح	ھ	ق	ئ	ک	آ
آ	ڑ	غ	ذ	ف	آ	چ	ں	س	م	ڈ	ق	ي	ئ	ظ	آ
خ	پ	پ	ہ	ں	ا	ی	ز	ب	س	ل	ظ	ے	ف	ف	ک

چکن
ڈنر
خاندان
کھانا
فورکس
دوستوں
پھل
کھیل
گرل
گرم

بھوک
چاقو
لنچ
موسیقی
سلاد
نمک
چٹنی
موسم گرما
ٹماٹر
سبزیاں

66 - Chocolate

ا	ی	ن	ح	د	ل	م	ی	ر	ی	ک	ھ	گ	ض	ظ	ب
ی	ن	ی	چ	ہ	ق	ذ	و	ط	ظ	ي	ع	گ	ض	ا	ف
ن	ر	پ	ن	س	ت	ژ	ط	ن	ع	ش	ح	ے	ب	ش	ئ
ٹ	ا	و	ژ	ہ	ل	ي	خ	ے	گ	ژ	ں	ں		ڈ	ر
ی	د	د	ل	د	خ	ہ	ض	ث	ے	پ	م	ی	ٹ	ھ	ا
آ	ی	ت	ت	ی	ا	د	ہ	پ	ز	ز	ھ	ک	ف	ق	ی
ک	ز	ث	د	د	ک	خ	ق	-	ن	ں	ئ	ل	ں	ں	ع
س	م	ل	ن	ن	س	ؤ	ئ	چ	ظ	ط	ت	م	ی	ل	م
ی	ظ	ئ	ق	س	ت	ع	ا	ث	ض	پ	ي	ر	ڈ	ی	ح
ڈ	ص	ڈ	ظ	پ	-	ا	ذ	و	ڈ	ف	ے	ی	ن	ئ	ص
ن	پ	ي	ل	ھ	گ	ج	ز	و	ہ		ک	غ	ی	ز	ئ
ٹ	ژ	ئ			ي	ڈ	پ	ج	ے	م	س	ں	ک	ل	ک
ہ	آ	ھ	گ	ڈ	ت	پ	ا	ل	ں	ؤ	و	ھ	ق	ؤ	ب
ؤ	و	ا	ؤ	ص	س	ب	ؤ	د	ؤ		ا	ض	م	ا	ط
خ	ئ	ڈ	چ	ؤ	ر	ے	ڈ	ع	ق	ص	ؤ	آ	ہ	ک	ہ
ں	ش	ے	ذ	ز	ل	ی	ر	ا	ن	ک	چ	و	ک	ظ	ذ

اینٹی آکسیڈنٹ
مہک
تلخ
کیلوری
کینڈی
کیریمل
ناریل
مزیدار
غیر ملکی

پسندیدہ
جزو
مونگ پھلی
پاؤڈر
معیار
ہدایت
چینی
میٹھا
ذائقہ

67 - Vegetables

ں	ا	ی	ر	ا	ک	ر	ت	پ	ڈ	ص	ص	ق	ت	و	ژ
ئ	د	چ	ٹ	ٹ	م	ج	ع	ی	ز	ی	چ	آ	ئ	ہ	چ
ي	ر	و	ا	غ	ط	ا	ؤ	ا	ز	ے	غ	ُ	ف	ھ	خ
ي	ک	ش	م	ڈ	ل	گ	-	ز	ڑ	ھ	ع	ک	گ	ں	ف
ے	و	ف	ٹ	ج	ش	آ	چ	غ	ث	ا	ژ	گ	ڑ	ح	س
ث	چ	م	ف	ح	ا	ڑ	ض	خ	ح	ک	د	ٹ	ڑ	س	ئ
ل	ٹ	ش	پ	پ	ھ	م	ذ	ا	ع	ب	ُ	ی	ئ	ب	ُ
ہ	ر	ر	ڑ	ٹ	ج	پ	ٹ	ش	ل	ج	م	آ	-	ز	ا
س	آ	و	ل	ب	ر	د	ض	ر	ی	ص	ح	ی	ہ	ش	ض
ن	ز	م	ے	ہ	ی	ل	و	ک	و	ر	ب	ق	ط	م	ؤ
ن	ؤ	ژ	ک	ر	ھ	ن	ظ	ُ	ی	آ	د	س	ک	و	ي
ز	ی	ت	و	ن	ب	ي	گ	و	ق	د	د	و	ھ	ل	پ
ڑ	ظ	ز	ی	ک	و	-	ئ	ن	ے	ژ	ت	ص	ی	ی	ا
آ	آ	ں	خ	ہ	گ	ہ	ہ	ذ	ص	ج	م	ژ	ر	م	ل
ش	ا	ل	ٹ	ہ	د	ت	ذ	ف	گ	ئ	ک	ہ	ا	ث	ک
د	ي	ض	د	پ	ز	غ	ج	ُ	آ	ظ	ب	پ	ل	و	ل

آرٹچوک
بروکولی
گاجر
گوبھی
اجمود
کھیرا
بینگن
لہسن
ادرک
مشروم
زیتون
پیاز
مٹر
قدو
مولی
ترکاریاں
شالٹ
پالک
ٹماٹر
شلجم

68 - The Media

ف	ن	ڈ	ن	گ	ز	ص	ُ	ڑ	ع	ف	ح	ض	ئ	ف	ص
ت	ع	ل	ی	م	ڈ	ڈ	ن	ق	ہ	ؤ	ڈ	ق	ئ	ر	ش
ظ	ک	-	ہ	ا	ژ	چ	ش	ع	خ	م	ہ	ت	ا	د	خ
م	ر	د	ظ	و	ظ	ئ	ی	ٹ	ت	ں	ؤ	چ	ث	ئ	ع
ا	و	ے	ؤ	ع	ٹ	ب	ڈ	ج	چ	و	ر	ئ	ئ	ق	ق
ز	ٹ	ا	ی	ژ	-	ن	ی	ز	گ	ی	م	ر	ا	ئ	ے
ج	ی	ی	ص	د	ژ	چ	ا	ت	ژ	و	ھ	ئ	ظ	ڑ	ڑ
ئ	ن	د	پ	ل	ٹ	ی	ج	ی	ڈ	ر	غ	و	ُ	ُ	ص
چ	ُ	غ	ث	ب	ا	آ	ن	ل	ا	ئ	ن	س	ٹ	ں	ض
ي	چ	ک	-	ؤ	-	ت	م	ق	ا	م	ی	ش	آ	ژ	ک
د	ا	ن	ش	و	ر	ا	ن	ہ	ح	ص	ھ	غ	ذ	ذ	ژ
ا	خ	ب	ا	ر	ا	ت	ا	ر	ا	ہ	ت	ش	ا	ہ	ز
ہ	گ	ع	ض	ک	ڑ	پ	ٹ	ر	ی	ڈ	ی	و	ع	ص	ج
چ	آ	ص	ئ	ح	گ	ج	ڈ	خ	ص	ڈ	ذ	ڑ	ظ	ح	ي
ش	ٹ	ے	ت	ج	ا	ر	ت	ی	ن	ح	ڈ	ط	ص	چ	ق
ث	س	ھ	ذ	غ	ذ	ب	غ	ل	ز	ي	ؤ	ث	ڈ	ت	ا

اشتہارات
رویوں
تجارتی
مواصلات
ڈیجیٹل
ایڈیشن
تعلیم
حقائق
فنڈنگ
فرد

صنعت
دانشورانہ
مقامی
میگزین
نیٹ ورک
اخبارات
آن لائن
رائے
عوام
ریڈیو

69 - Boats

ب	ڈ	ڑ	ڑ	ب	پ	ق	ج	ھ	ی	ل	خ	م	ے	ا	پ
ی	ل	و	ک	صُ	-	ذ	ث	د	ه	ج	غ	ک	آ	ئ	ب
ڑ	ف	ؤ	ا	ُ	ل	ن	گ	ر	ل	ن	ط	آ	ز	خ	م
ا	ں	ب	ح	ا	ل	م	ی	ي	م	ع	غ	و	-	ي	ق
خ	ں	ن	ق	ظ	ک	ں	م	ذ	ع	ز	ں	د	ی	س	ر
ک	م	ٹ	ا	ی	ک	ی	ا	ک	ؤ	ی	ر	ی	ف	د	ا
ں	ن	ع	ش	ضُ	ڈ	ن	ل	آ	ح	ع	ک	ی	ن	و	و
ط	ه	و	ث	ُ	ج	ر	و	ڈ	ٹ	غ	ت	م	ض	ق	ج
ت	ؤ	ا	گ	ن	ٹ	ص	ں	ز	ث	ث	س	ٹ	ذ	ض	ص
د	ح	بُ	و	ئ	ے	ا	ف	ج	پ	ج	م	ص	ب	ذ	ر
ظ	ٹ	ُ	د	ڑ	ی	ر	د	ن	م	س	ٹ	ے	خ	ص	عُ
آ	ه	و	ی	آ	ع	ه	خ	ژ	و	-	پ	ں	ظ	د	
آ	ر	ن	ل	ڑ	ظ	و	ب	م	ھ	چ	ب	غ	آ	آ	ز
ض	ں	ڑ	ٹ	ک	ط	ژ	ظ	ص	ر	ڑ	خ	ا	ی	ر	د
م	ئ	ک	ڑ	ر	ن	ٹ	-	ژ	ض	ژ	ي	ا	و	ط	ژ
ط	ض	ٹ	ژ	ژ	ظ	س	ح	ر	ک	ے	و	ذ	ن	ه	ه

لنگر
بوئے
کینو
عملہ
گودی
انجن
فیری
کیاک
جھیل
مست

سمندری
بیڑا
دریا
رسی
ملاح
سمندر
جوار
لہریں
یاٹ

70 - Activities and Leisure

ئ	س	ن	ی	ٹ	ح	ث	ؤ	خ	ل	ج	ف	ل	و	گ	د
گ	ر	ق	ن	ں	ڑ	ق	پ	م	ر	ر	ن	ز	س	ي	ک
و	ف	ي	ا	گ	ن	ٹ	ن	ی	پ	ی	س	ف	ر	ع	-
ش	ن	ل	ب	ن	ح	خ	ھ	ص	د	ہ	د	م	ا	ر	آ
و	گ	ے	غ	س	ڑ	ؤ	ن	ظ	آ	ل	د	ا	ؤ	س	ھ
ق	ن	ط	ا	ک	ي	ُ	پ	ح	غ	ا	س	غ	ر	ح	چ
ظ	و	ں	ب	ا	ز	ن	ص	ل	ا	ب	ٹ	ف	و	ی	گ
ي	ی	ث	و	ب	پ	ش	ک	ا	ہ	ٹ	ر	د	ر	ر	ٹ
ش	ئ	ت	غ	ف	ز	ں	ی	ب	ض	ک	ن	چ	آ	ی	ت
پ	ا	ٹ	ی	ظ	ت	ٹ	م	س	ُ	س	س	ز	ح	گ	آ
ظ	ڈ	ش	ں	ر	ے	ط	پ	ی	آ	ا	ہ	ل	ؤ	ی	ژ
ش	ُ	ط	خ	ر	ا	س	ن	ب	ُ	ب	آ	ن	ُ	ہ	ش
س	ح	گ	ب	ح	ن	ک	گ	آ	ُ	ن	ف	ج	و	ا	ٹ
ذ	ي	ز	چ	ر	ث	ٹ	ی	ظ	ث	چ	چ	ا	ز	م	ت
ا	و	س	ھ	ڑ	ج	ت	ظ	-	و	ص	ق	ج	ڑ	ب	ڈ
ح	-	ف	ا	ض	ر	د	ن	ڑ	و	ا	ل	ی	ب	ا	ل

فن
بیس بال
باسکٹ بال
باکسنگ
کیمپنگ
ڈائیونگ
ماہی گیری
باغبانی
گولف
پیدل سفر

شوق
پینٹنگ
آرام دہ
خریداری
فٹ بال
سرفنگ
تیراکی
ٹینس
سفر
والی بال

71 - Driving

ا	ي	غ	م	و	ٹ	ر	ا	ت	ف	ر	ح	ؤ	ن	ق	ا
ؤ	-	ا	ي	ه	ث	د	ا	ح	پ	ف	ج		م	ھ	ی
خ	ش	و	ف	ں	ذ	گ	ی	ر	ا	ج		ا	ظ	ه	ن
آ	ح	ب	گ	ر	ھ	ح	ئ	ظ	ل	ا	ئ	س	ن	س	د
	ج	ق	ل	ل	ف	ھ	ت	ظ	ل	ا	ظ	ی	ق	ی	ھ
ن	ٹ	ر	ی	ف	ک	ل	ئ	ر	ا	ک	ي	ل	ش	گ	ن
گ	ن	ر	س	س	ڑ	ک	و	ب	ث	ی	ب	و	ه	و	ي
گ	س	ڈ	و	ظ	ش	ی	ۓ	ظ	ؤ	ر	ڈ	پ	چ	س	ز
ڑ	د	ع	ظ	ف	ئ	ئ		گ	خ	ب	س	ن	ئ	ر	خ
و	ه	ک	ؤ	ا	ح	ا	ٹ	ے	غ	ی	ث	خ	ق	گ	ش
ک	ر	ٹ	ر	ز	ڈ	س	ش	ف	ث	ج	ٹ	ظ	خ	ژ	ن
ں	ت	ڈ	ن	ں	غ	ر	ق	ئ	م	ن	غ	ف	ض	ز	ج
ن	س	ظ	گ	ؤ	ر	ٹ	ڈ	ر	خ	خ	و	س	غ	ں	ں
ے	ز	ھ	ن	ت	و	و	ه	غ	ط	ط	ٹ	ڑ	ر	ڈ	ع
ظ	چ	ی	ث	غ	و	م	ث	ر	-	ت	ل	ع	خ	پ	گ
گ	ه	ا	ئ	ں	ي	ل	ه	ٹ	ط	ث	ن	ٹ	ل	ي	ط

موٹر	حادثہ
موٹر سائیکل	بریک
پولیس	کار
سڑک	خطرہ
حفاظت	ڈرائیور
رفتار	ایندھن
گلی	گیراج
ٹریفک	گیس
ٹرک	لائسنس
سرنگ	نقشہ

72 - Biology

ر	ش	ل	ژ	ت	ب	ذ		ڈ	ع	ي	ص	ي	و	ں	ب
ر	آ	س	ه	غ		ض	ں		ظ	ض	ر	ض	ه		ی
ث	ا	ر	ے	غ	ص	ژ	ز	ں	پ	ی	ژ	ک	ڑ	ع	ک
ج	ن	ی	ن	ی	ٹ	و	ر	پ	ر	گ	ئ	ه	ک	ز	ٹ
س	س	و	م	س	و	ا	غ	ف	ت	ر	ا	چ	ک	ث	ی
ا	ے	ع	ئ	ص	آ	ف	ں	غ	ھ	ر	پ	ر	ث	ڑ	ر
ع	ا	ن	ا	ٹ	و	م	ی	ژ	م	ل	و	ئ	چ	ں	ی
ص	-	ج	ج	ح	ق	ر	ب	و	م	م	ا	ل	ی	ه	ا
ا	ا	ی	ن	ئ	د	ذ	ن	س	و	ن	و	ر	و	ی	ن
ب	ر	ل	ی	ی	ر	ڑ		س	ظ	ق	پ	ث	غ	-	ن
ع	ت	و	ض	ه	ت	ح	و	و	ئ	د	ح	ح	ڈ	ں	ث
ر	ق	ک	ھ	و	ی	م	ل	ی	س	ه	ل	پ	ن	ا	س
ھ	ا	ن	د	ج	ڈ	د		ب	ص	ض	ف	آ	پ	ک	آ
ژ	ء	ڑ	س	ژ	آ	ض	ي	م	ی	س	ذ	ڑ	ے	ع	ں
ع	س	ا	ئ	ئ	ن	ی	پ	س	ں	ک	ں	ؤ	ڑ	ظ	ذ
ذ	ه	م	ڈ		ز	ف	ی	ل	ا	ت	ی	ئ	ا	ی	ض

تغیر
قدرتی
اعصاب
نیورون
اوسموسس
ضیائی تالیف
پروٹین
سانپ
سمبیوسس
سائی نیپس

اناٹومی
بیکٹیریا
سیل
کروموسوم
کولیجن
جنین
ینجائم
ارتقاء
بارمون
ممالیہ

73 - Professions #2

غ	ہ	ے	غ	آ	پ	پ	ی	ص	خ	ٹ	خ	ئ	د	م	-
ے	ع	ف	ل	ھ	ژ	ي	آ	م	پ	ی	ن	ٹ	ر	ا	ٹ
ف	ي	ظ	س	ج	ا	س	و	س	س	ف	پ	ڑ	و	ہ	ح
ں	ن	ی	ر	ی	ر	ب	ئ	ا	ل	ؤ	خ	-	ص	ر	و
ے	ي	ر	ج	ک	و	خ	ن	ص	ط	د	آ	گ	م	ل	و
ا	ے	ر	ن	د	ت	ل	ک	ف	ت	ے	خ	ض	ت	س	ن
ھ	ن	م	ض	ش	ن	ا	ب	غ	ا	ب	-	ی	ؤ	ا	پ
ف	ک	ج	ھ	ب	ع	ب	ی	ا	ی	ف	س	ل	ف	ن	ا
ز	و	س	ی	چ	ل	ا	ب	ص	ت	ط	ش	ج	چ	ی	ئ
و	چ	ٹ	ا	ن	د	ز	ط	ہ	ا	ط	ح	ط	ی	ا	ل
و	ف	ق	و	ن	ئ	ئ	ئ	ث	ی	ب	آ	ف	ز	ت	ٹ
ل	ڈ	ر	آ	گ	ع	ر	ل	م	ح	آ	ل	ھ	ڈ	ظ	ئ
و	ق	ض	-	ل	ر	ي	ک	و	ر	چ	گ	ر	ؤ	خ	ں
ج	ی	ھ	و	ظ	غ	ا	ؤ	ج	ہ	ش	ھ	ج	ل	ٹ	ں
س	ع	ط	چ	ش	ک	ض	ف	د	ا	ت	س	ا	ُ	گ	آ
ٹ	ڈ	ی	ن	ٹ	س	ٹ	ہ	ر	م	ض	ص	ح	ا	ف	ی

خلاباز
ماہر حیاتیات
ڈینٹسٹ
جاسوس
انجینئر
کسان
باغبان
مصور
موجد
صحافی

لائبریرین
ماہر لسانیات
پینٹر
فلسفی
فوٹوگرافر
طبیب
پائلٹ
سرجن
استاد
زوولوجسٹ

74 - Mythology

ھ	چ	ف	ر	ق	ي	ژ	گ	ز	ک	خ	ن	ہ	ڑ	و	ص
ں	ؤ	ض	ا	ص		د	ھ	پ	ع	ذ	ص	ی	ص	ث	ر
ص	-	خ	ی	ع	ت	ج	ھ	د	پ	ب	ش	ر	ذ	چ	خ
ئ	پ	ط	-	ن	ف	ں	ؤ	ا	ت	ر	ب	و	ص	ز	ح
ق	ہ	ح	ح	غ	ص	ن	-	ث	ہ	د	ف	د	ک	م	ڈ
چ	ن	س	ن	ٹ	ڈ	ق	ی	ل	خ	ت	د	ا	ج	س	خ
-	آ	د	چ	ڈ	آ	د	ئ	ا	ق	ع	ی	ت	غ	ظ	ض
ط	ڑ	ا	ف	س	ی	ی	م	م	ر	ی	و	ر	ھ	ش	ض
خ	گ	م	ف	ن	ظ	ھ	ي	ھ	ل	ج	ب	م	ی	س	ل
پ	ئ	ا	ٹ	ی	ک	ر	آ	ب	ن	ج	ص	ا	ج	ص	ی
پ	ں	ق	ٹ	س	ب	ص	ل	گ	ل	ج	ن	ت	گ	ر	ج
غ	ث	ت	ج	ا	ق	و	ج	ی	ن		ش	و	ت	ق	ن
-	ب	ن	آ	م	ھ	و	ذ	ض	س	ٹ	ي	ی	پ	آ	ڈ
چ	چ	ا	ج	ب	ر	ض	ق	و	ل	خ	م	د	چ	ج	ج
غ	ر	ت	ھ	ک	ع	ن	ک	ٹ	و	ل	ر	ظ	ئ	ی	ع
ت	ؤ	-	ے	ش	ث	ق	ا	ف	ت	ف	آ	ص		ص	ش

آرکیٹائپ
برتاؤ
عقائد
تخلیق
مخلوق
ثقافت
دیوتا
آفت
جنت
ہیرو

امرتا
حسد
بھولبلیا
لیجنڈ
بجلی
دیو
بشر
انتقام
گرج
جنگجو

75 - Agronomy

پ	ط	ھ	پ	ل	د	ک	ا	خ	ئ	ث	ڑ	ں	ض	ت	غ
د	پ	م	ک	ئ	ع	ذ	ث	م	ڈ	ک	ھ	ا	د	ع	ے
ج	ی	ب	ر	ي	ہ	ز	ک	ڈ	ی	ف	ر	ن	پ	ؤ	ف
ہ	گ	ہ	ت	پ	ں	ط	ب	ٹ	ئ	ت	ع	ا	ر	ز	ڈ
و	د	پ	ی	پ	و	د	ے	ض	ا	ؤ	ذ	ھ	ی	ڑ	د
ی	و	ی	ت	س	ی	ن	ا	پ	ن	ؤ	ُ	ک	ں	ژ	ع
ف	ل	د	ا	ظ	ر	ہ	ی	ر	ا	ک	ت	ش	ا	ک	س
ق	آ	ا	ی	ش	ا	ع	ے	خ	و	م	ا	ا	ی	ق	ا
آ	ت	و	م	ا	م	ل	خ	ڈ	ت	ل	ی	ُ	ز	ظ	ئ
ظ	ي	ا	ا	ع	ی	ا	م	ا	ح	و	ل	ھ	ب	ر	ن
ب	د	ر	ن	ظ	ب	ط	ظ	ي	و	ف	و	چ	س	ا	س
چ	ع	و	ھ	ذ	گ	م	ن	ن	ض	ں	ح	ٹ	آ	ا	ف
ؤ	ڑ	آ	ن	ف	ص	ت	ص	ا	ي	ن	ا	ب	ب	ئ	گ
ڑ	ے	ر	آ	غ	گ	ؤ	و	ے	ت	-	م	ہ	چ	ُ	ت
ف	ر	ک	ں	ج	ں	پ	ظ	ک	ک	و	ث	ں	ذ	ب	-
ل	خ	ک	ت	-	و	س	ز	ب	ي	م	س	ث	ئ	ي	ئ

زراعت
بیماریوں
ماحولیات
توانائی
ماحول
کٹاؤ
کاشتکاری
کھاد
کھانا
نامیاتی

پودے
آلودگی
پیداوار
دیہی
سائنس
بیج
مطالعہ
نظام
سبزیاں
پانی

76 - Hair Types

ت	س	ڈ	غ	گ	س	ز	ح	ذ	ُ	ع	ش	ؤ	ض	ی	گ
چ	م	ک	د	ا	ر	پ	چ	خ	ؤ	ع	ہ	ص	ل	ن	ف
ف	ر	ٹ	گ	ز	م	ٹ	د	ُ	غ	ل	ر	ک	ج	ف	خ
ل	د	ی	ف	س	ئ	ُ	ے	ق	ل	م	ب	ا	ض	ن	ب
ش	خ	ف	خ	ن	ی	ی	ل	ا	ر	ھ	گ	ب	و	ھ	گ
ط	ں	ر	ش	ن	ر	م	ط	ٹ	ي	ی	ڑ	پ	و	ھ	ک
ج	ي	ہ	ک	ن	ب	س	ہ	و	ع	ہ	ُ	ب	ط	ٹ	گ
ج	ذ	آ	گ	ر	ر	ج	ق	م	ض	خ	ے	ظ	س	ي	-
م	ئ	آ	ز	ح	ا	ط	چ	ں	-	ے	ش	پ	ٹ	ب	غ
ف	ت	ظ	ي	ھ	ؤ	ق	ل	ٹ	ئ	د	ن	م	ت	ح	ص
ث	ٹ	ض	س	ژ	ن	ٹ	پ	ر	ت	ل	ن	ن	ل	ں	ٹ
و	ہ	ا	ی	س	ت	ن	ت	ہ	ژ	گ	آ	ٹ	پ	پ	ی
ط	ُ	چ	چ	ک	ي	ر	ل	م	ں	و	ی	ھ	ڑ	ا	د
ذ	و	ق	ط	ئ	ی	و	ی	و	س	ُ	پ	آ	ط	ل	ن
ر	ن	م	-	ث	ے	ڈ	غ	ا	ھ	پ	ژ	ز	چ	ں	ا
ں	ک	ُ	غ	ا	ت	و	ق	ر	ص	ٹ	غ	ر	ب	ٹ	چ

گنجا
سیاہ
لٹ
داڑھیوں
براؤن
رنگ
کرل
گھوبگھرالی
خشک
سرمئی

صحت مند
لمبا
کھوپڑی
چمکدار
چاندی
ہموار
نرم
موٹا
پتلی
سفید

77 - Garden

ی	ذ	ب	ا	ق	ي	ج	ڑ	خ	ا	غ	غ	ڈ	ف	ے	ب
ؤ	ق	-	ن	س	ت	ھ	گ	ف	ه	خ	ل	ا	ن	ل	ی
ف	ر	س	ی	ا	ب	ا	غ	ي	ئ	ں	ح	غ	ظ	ش	ل
پ	ی	ڑ	ل	ھ	آ	ڑ	ڑ	ڑ	ز	ک	ی	ر	ب	ج	چ
پ	ں	ا	و	گ	غ	ی	ش	ک	ٹ	ق	ق	ن	س	چ	ه
ھ	ب	ب	پ	د	ق	ٹ	ز	آ	ج	ب	چ	چ	خ	ٹ	ح
و	ک	خ	م	آ	ض	م	-	ڑ	ں	ذ	چ	ث	ه	ں	ا
ل	ژ	گ	ا	ي	ز	ف	ي	ذ	ع	آ	ز	غ	و	ژ	ح
ج		و	ر	ئ	ی	ئ	م	ف	ف	و	ڈ	ط	ج	ے	د
ن	د	ئ	ٹ	ٹ	پ	ؤ	ک	ظ	ؤ	م	ف	ث	ث	ٹ	ح
ڈ	ر	ج	ا	ر	ی	گ	ي	م	ف		ب	ظ	ذ	ث	ح
گ	ژ	ؤ	ج	ت	ت	ھ	چ	ذ	پ	ھ	ص	گ	پ	ز	گ
ڈ	ذ	ن	ي	ث	د		ي	ٹ	ژ	غ	ز	و	ھ	ز	ڑ
چ	م	ر	ک	و	م	ی	ه	ذ	ؤ	-	ر	ئ	گ	و	خ
ا	ر	ن	ر	ر	ی	ض	ں	ص	ع	چ	ت	ز	ي	و	ظ
ژ	ا	-	ف	ش	ڈ	پ	ش	ں	ی	م	ژ	ض	ذ	گ	ف

بنچ
جھاڑی
باڑ
پھول
گیراج
باغ
گھاس
ہیموک
نلی

لان
تالاب
پورچ
ریک
بیلچہ
مٹی
چھت
ٹرامپولین
پیڑ

78 - Diplomacy

ج	س	ب	م	ث	ه	ج	ا	ڑ	ه	ح	ؤ	ص	ي	ُ	س
ژ	ح	ں	ش	ي	س	غ	ن	ه	ب	ر	ا	د	ر	ی	گ
ث	و	ڑ	ی	ر	ی	ڑ	ص	ث	س	ی	ک	د	ک	آ	ت
ٹ	ک	ح	ر	ق	ا	ُ	ا	ں	ه	ف	و	و	ڑ	ح	د
ز	ل	ض	چ	ف	س	غ	ف	ح	ب	س	ر	پ	و	ھ	پ
ئ	ق	ل	ي	ظ	ت	ز	ش	ک	ُ	ٹ	ح	ط	ھ	ٹ	ش
س	ی	ن	ا	س	ن	ا	ه	و	ی	ی	ت	ر	ا	ف	س
ف	ه	ع	ز	ا	ن	ت	ر	م	ئ	ه	ی	ظ	ه	م	آ
ا	ا	ط	م	پ	ث	ط	ی	ت	ر	ؤ	م	پ	ل	ش	د
ر	خ	ج	ی	ر	ه	ش	و	ڑ	ی	ک	ل	م	ر	ی	غ
ت	ل	ن	و	ا	ع	ت	ں	پ	ے	م	ا	ظ	ا	ض	م
خ	ا	ظ	ش	ے	ڈ	ه	چ	ق	پ	چ	س	ھ	گ	ؤ	ع
ا	ق	ذ	ظ	ٹ	ي	ه	ڈ	ه	ئ	غ	خ	-	م	ٹ	ا
ن	ی	ے	ؤ	غ	ش	آ	ے	س	ض	ق	ف	ظ	ب	گ	ه
ے	ا	چ	ق	خ	و	ا	ت	ڈ	ق	م	ذ	م	ؤ	ا	د
ز	ت	ف	ژ	-	ژ	م	گ	ج	ح	ژ	ض	ُ	ط	ل	ه

اخلاقیات
غیر ملکی
حکومت
انسانی
سالمیت
انصاف
سیاست
سیکورٹی
حل
معاہدہ

مشیر
سفیر
شہریوں
شہری
برادری
تنازعہ
تعاون
سفارتی
بحث
سفارت خانے

79 - Countries #1

خ	ڑ	ئ	م	گ	ج	ژ	-	ئ	ي	پ	و	ل	ح	ڈ	ر
ی	ں	ا	غ	س	پ	ی	ن	ن	م	و	ی	ُ	ک	ح	و
ل	ی	ٹ	و	ی	ا	ی	ب	ی	ل	ل	ت	پ	د	و	م
ا	س	ر	ا	ئ	ی	ل	ہ	ظ	ی	ی	ن	گ	ث	ا	ا
ن	ش	ش	ث	ں	ی	ک	ط	پ	ق	ن	ا	ڑ	ں	ع	ن
ح	ض	ث	ک	ن	ی	ی	ر	ڈ	ا	ڈ	م	ق	ذ	ف	ی
گ	ی	ہ	م	ا	ن	ا	پ	ئ	ر	ٹ	ق	و	ط	ن	ہ
ڈ	چ	س	ص	ؤ	ٹ	چ	ن	ر	ع	ت	ل	ا	ج	ل	و
س	ی	ی	ر	ن	ک	ا	ر	ا	گ	و	ا	ی	ر	ی	ی
ص	غ	ن	-	ن	ب	ل	ش	ج	ط	آ	ل	ڑ	م	ن	ن
ن	آ	ی	س	ا	ُ	ر	ک	ی	ن	ی	ڈ	ا	ن	ڈ	ز
ؤ	ج	گ	ث	ر	ع	غ	ا	ظ	ک	ظ	خ	س	ی	ئ	و
ظ	ذ	ا	پ	و	ڈ	آ	ر	ز	ؤ	ؤ	ُ	م	س	ط	ی
ہ	ہ	ل	غ	ے	و	ھ	م	چ	ی	ژ	ث	ں	س	ط	ل
ث	آ	ص	ت	ھ	ض	ل	ؤ	ق	ع	ل	غ	ح	ج	چ	ا
ں	ي	ڈ	ط	ص	ڈ	-	ُ	ک	ا	ں	ھ	ض	ح	ل	ث

برازیل
کینیڈا
مصر
فن لینڈ
جرمنی
عراق
اسرائیل
اٹلی
لیٹویا
لیبیا
مراکش
نکاراگوا
ناروے
پانامہ
پولینڈ
رومانیہ
سینیگال
سپین
وینزویلا
ویتنام

80 - Adjectives #1

ٹ	ک	ھ	ي	ت	م	ج	ز	ژ	ش	ض	خ	ض	ئ	ژ	ر
ح	ج	ش	ذ	ٹ	آ	د	ی	ظ	ي	ت	و	ڑ	ه	ص	ؤ
آ	د	ب	ش	ُ	ت	چ	د	س	ت	ش	ش	و	خ	ب	ز
ط	ی	ک	ل	م	ر	ی	غ	گ	ی	س	ب	ل	ٹ	ن	ر
ح	د	س	ژ	ض	ه	ل	ڈ	ث	ا	ئ	و	ظ	م	ک	ئ
ق	ل	خ	م	ه	ا	ت	س	ت	ر	ر	د	ق	ئ	ھ	ض
ض	آ	ے	ط	ن	ڑ	پ	ف	م	ی	ا	ا	م	ق	ح	ب
س	ح	ز	ل	ا	ج	ت	ع	ئ	ھ	د	ر	ي	ا	ذ	ث
ک	پ	ے	ق	ر	ط	ن	س	ت	د	ا	ط	ط	ی	ی	ض
ن	ڑ	ھ	ت	ا	س	د	ژ	ں	ن	ق	ی	م	ت	ی	ض
د	س	ھ	ڈ	ک	س	ک	ُ	ر	ا	د	ن	ا	م	ی	ا
ئ	ن	ض	ل	ن	ت	ب	ل	ن	د	ن	ظ	ر	ص	ط	ص
ص	ج	خ	-	ف	ع	ج	ي	خ	و	ب	ص	و	ر	ت	ؤ
ت	ی	ر	ا	ھ	ب	گ	ض	ح	ع	ص	ث	ے	ڑ	ؤ	ژ
ئ	د	ق	ی	خ	ژ	ڈ	چ	ئ	و	ز	ڈ	ن	ؤ	ئ	ي
ظ	ه	ظ	ق	د	ث	ظ	ت	ل	ے	ٹ	ي	ع	ڑ	ف	د

مطلق
بلند نظر
خوشبودار
فنکارانہ
کشش
خوبصورت
اندھیرا
غیر ملکی
ادار
خوش

بھاری
مددگار
ایماندار
جیسی
اہم
جدید
سنجیدہ
سست
پتلی
قیمتی

81 - Technology

خ	گ	ب	آ	ت	ف	ز	ہ	ٹ	ظ	غ	ئ	ج	ڑ	ک	س
ن	ن	ر	س	ح	ط	گ	ئ	ن	ژ	م	ع	ض	ٹ		ب
ھ	ض	ا	ک	ق	ض	ص	ؤ	ذ	چ	ف	ی	ز	ا	ج	م
پ	ؤ	ؤ	ر	ی	ڑ	ک	ض	ز	و	ي	ک	ک	ئ	ھ	ا
ظ	ہ	ز	ی	ق	م	ف	ض	ن	ا	ئ	ض	ف	ي	ں	ز
ظ	خ	ر	ن	پ	ا	ج	ٹ	ف	ظ	گ	د	ہ	ط	ٹ	آ
ق	ذ	ذ	ی	ف	غ	ح	گ	ل	ٹ	ی	چ	ی	ڈ	ب	ذ
ف	ي	و	ٹ	م	ی	ف	ؤ	ب	ا	خ		ژ	خ	و	گ
ہ	ٹ	د	ر	س	پ	ط	چ	ز	ب	ث	ے	ب	ب	ر	ک
ر	ر	ب	و	ب	ڑ	ؤ		خ	ڈ	س	پ	ل	ے	ل	ر
م	ہ	ق	ک	پ	ک	ب	ش	م	ا	ر	ی	ا	ت	ئ	س
ی	س		ی	ڈ	ر	ا	ذ	چ	ٹ	ئ	ے	گ	ف	م	ر
ک		ث	س	گ	خ	ئ	غ	ي	ی	ا	ع	ا	غ	خ	ف
ڑ	ب	ج	ي	خ	ع	ٹ	ي	ھ	ڈ	و	ئ	د	ھ	ر	ج
ي	ث	ا	ر	م	ذ	س	م	ں	ق	ل	ٹ	گ	چ	ص	ض
خ	ر	ئ	ی	و	ٹ	ف	ا	س	ٹ	ی	ن	ر	ٹ	ن	ا

بلاگ
براؤزر
بائٹس
کیمرہ
کمپیوٹر
کرسر
ڈیٹا
ڈیجیٹل
ڈسپلے
فائل
فونٹ
انٹرنیٹ
پیغام
تحقیق
سکرین
سیکورٹی
سافٹ ویئر
شماریات
مجازی
وائرس

82 - Global Warming

ن	ع	ح	ر	ک	ٹ	ک	ر	آ	ڈ	ف	ے	ب	ف	ر	ف
ج	پ	ڈ	ہ	ٹ	ک	خ	پ	ی	م	ض	خ	ح	م	ر	د
ی	ُ	ص	ا	ڑ	ع	ژ	ٹ	ن	ر	ث	غ	ُ	ص	ھ	ر
ح	ے	ے	ئ	ُ	ے	ا	ژ	ک	ک	ع	و	ئ	م	ب	ج
ط	ڈ	ں	ش	ہ	ج	و	ت	آ	ض	ھ	ت	ر	ق	ی	ہ
و	ئ	ح	گ	ت	ف	پ	ع	ب	ژ	ٹ	م	ف	ث	ن	ح
ش	ھ	ق	ا	ت	ع	ن	ص	ا	آ	ب	و	ہ	و	ا	ر
خ	ف	غ	ہ	ر	ڈ	س	ذ	د	ژ	د	ک	ن	م	ل	ا
ں	و	ل	س	ن	ا	ھ	ژ	ی	ب	ؤ	ح	ا	ق	ا	ر
ل	ا	غ	ض	ع	ب	-	ا	خ	ن	ں	ح	د	ث	ق	ت
ض	خ	ؤ	ف	ا	ڑ	ب	ل	ے	ڑ	و	ئ	س	ک	و	ھ
ل	ر	ہ	ض	م	س	ت	ق	ب	ل	ح	ل	ن	ے	ا	ث
گ	ُ	ت	و	ا	ن	ا	ئ	ی	ص	ژ	ھ	ئ	م	م	ج
ذ	ن	ا	ر	ح	ب	ق	ا	ن	و	ن	س	ا	ز	ی	غ
ف	ذ	ح	ث	ث	ز	ت	-	ث	ل	ے	ی	س	ٹ	د	ل
ر	ز	س	ن	ی	ی	س	ت	خ	ٹ	ے	گ	ہ	ر	گ	ث

آرکٹک
توجہ
آب و ہوا
بحران
ڈیٹا
ترقی
توانائی
ماحولیاتی
مستقبل
گیس

نسلوں
حکومت
رہائش گاہ
صنعت
بین الاقوامی
قانون سازی
اب
آبادی
سائنسدان
درجہ حرارت

83 - Landscapes

ج	د	ت	خ	آ	ج	ح	ح	ں	خ	ن	ج	غ	ر	گ	ط
ز	ق	ر	ؤ	ت	ع	ز	چ	ز	و	ڑ	س	ژ	ھ	ذ	م
ی	ح	ي	ن	ش	ض	ل	ی	ھ	ج	غ	م	ژ	گ	آ	ُ
ر	ن	ا	ي	ف	خ	ئ	ب	ر	ؤ	آ	ن	ب	غ	ے	ژ
ہ	ُ	چ	ص	ش	ذ	ڈ	ي	ے	ہ	ل	د	ل	د	ذ	غ
ن	ئ	ؤ	ح	ا	ر	ح	ص	ج	س	ن	ر	ج	ف	ذ	ط
ڑ	ل	ب	م	ں	ی	ں	م	ر	ہ	ت	م	غ	-	ؤ	ق
ح	آ	ظ	ی	ڈ	ڑ	ر	ع	ش	ن	غ	ق	ا	ا	ہ	ص
ن	خ	ل	س	ت	ا	ن	د	پ	ہ	ا	ڑ	چ	ڈ	ر	ہ
ح	گ	ئ	ب	ق	ہ	ے	ڑ	ر	ٹ	خ	ع	ڈ	آ	ے	گ
ڈ	غ	ز	ج	ث	پ	ي	د	آ	غ	ہ	ز	ي	ٹ	ب	ل
آ	ئ	س	ب	ر	گ	ب	ر	ی	ہ	ٹ	ن	ڈ	ر	ا	ی
ژ	ط	ٹ	ت	ط	خ	ڑ	ڑ	ؤ	ڑ	ص	ج	ُ	س	ط	ش
و	ا	د	ی	آ	ب	ش	ا	ر	ج	گ	ی	ز	ر	ع	ی
ض	ج	ط	ؤ	ع	ی	ظ	ے	پ	خ	ص	م	ق	آ	و	ر
ح	غ	ک	و	و	چ	ث	ی	ئ	ڑ	ت	ژ	ص	ک	ں	ب

بیچ
غار
کوو
صحرا
گیزر
گلیشیر
پہاڑی
آئس برگ
جزیرہ
جھیل

پہاڑ
نخلستان
جزیرہ نما
دریا
سمندر
دلدل
ٹنڈرا
وادی
آتش فشاں
آبشار

84 - Visual Arts

پ	ف	ه	ا	ئ	ق	ي	ں	پ	ح	ز	ٹ	س	ٹ	ر	آ
ی	ل	ف	ف	ف	ن	ت	ع	م	ی	ر	ی	ں	ا	ف	ح
ن	م	ئ	ز	ز	پ	ل	ب	ھ	ٹ	ٹ	ر	خ	س	خ	گ
ٹ	خ	ص	آ	ص	ز	ئ	غ	د	م	پ	ٹ	ص		ث	ت
ن	ھ	ئ	م	ض	ج	ل	چ	م	م	ت	ر	ح	ق	ه	ھ
گ	ٹ	پ	ش	ا	ث	آ	ذ	و	ں	ئ	و	د	ف	ھ	ئ
ا	ي	ی		ر	ن	ب	ق	م	ا	ج	پ	ژ	ح	ڈ	ص
و	ظ	ن	د	ز	-	ق	ت	ص	و	ی	ر	ز	م	ر	ب
	ل	س	ن	ی	ٹ	س	ط	ق	س	د	ه	ح	و	ل	ئ
ک	م	ل	ق	گ	ط	ب	ه	ه	م	س	ج	م	ل	ظ	ر
ض	د	گ	ز	ف	گ	ط	ژ	غ	ن	ض	ج	ز	و	غ	ھ
ص	ی	ت	ع	-	ز	م	چ	ے	ن	ظ	ش	ب	ڑ	و	پ
ش	ا	ه	ک	ا	ر	و	ا	ر	ن	ش	ر	ج	ض		ژ
	ض		ٹ	ا	و	ا	ق	ه	ث	ڑ	ر	و	-	ع	ع
ئ	ص	م	ڑ	ژ	چ	ت	چ	ش	غ	ے	ي	ڈ	ک	ب	ت
ت	خ	ل	ی	ق	ی	ص	ل	ا	ح	ی	ت	ا	ی	ز	ل

فن تعمیر
آرٹسٹ
چاک
مٹی
ساخت
تخلیقی صلاحیت
ایزل
فلم
شاہکار
پینٹنگ
قلم
پینسل
نقطہ نظر
تصویر
پورٹریٹ
مجسمہ
سٹینسل
وارنش
موم

85 - Plants

ق	ب	غ	ل	و	ھ	پ	م	ق	ش	د	م	ر	ا	ے	ن
پ	م	ی	گ	س	ق	ط	ذ	ق	ت	د	ہ	ط	ی	ا	ڈ
پ		ڑ	ن	ر	ہ	ع	ر	ي	ب	ص	ٹ	گ	چ	و	ت
ؤ	ہ	ا	ج	ض	چ	ٹ	گ	ح	ئ	پ	د	ل	آ	ی	ن
پ	ں	ھ	ج	ص	ژ	ٹ	ہ	ق	گ	ع	ئ	ں	ن	چ	ز
ئ	د	ج		ا	ب	ر	ل	ژ	ش	ي	ٹ	ک	د	ڈ	ز
ز		پ	س	گ	ی	-	ظ	د	ڈ	ر	ط	ژ	ي	آ	ث
ڑ	ق	ا	ن	ت	ر	پ	ھ	-	ژ	ڈ	آ	آ	س	ئ	ب
ئ	م	ز	ا	ک	ی	ت	پ	و	ذ	ط	ل	ڑ	ش	ی	ق
پ	ذ	غ	ب	آ	ھ	ھ	ٹ	ب	ی	ف	ئ	م	د	و	ی
ع	ت	ے	ہ	ے	ں	ڑ	ت	ا	ی	ت	ا	ب	ن	ی	ت
ج	س	ے	پ	چ	ں	ی	ی	غ	خ	ؤ	ر	ں	س		ٹ
ج	س	ک	ڑ	ج	ہ	پ	ا	ي	ف	ث	و	و	ک	ص	ٹ
ک	ٹ	ق	و	ڑ	ص	ق		م	ں	ض	ل	د	ا	ھ	ک
ک	ی	ک	ٹ	س	ا	ھ	گ	ؤ	ک	و	ف	و	ئ	ض	ں
ص	ئ	پ	ظ	ز	ھ	خ	ٹ	ژ	ش	-	ں	پ	ی	چ	و

بانس
بین
بیری
نباتیات
جھاڑی
کیکٹس
کھاد
فلورا
پھول
پتے

جنگل
باغ
گھاس
آئیوی
کائی
پنکھڑی
جڑ
تنا
پیڑ
پودوں

86 - Boxing

پ	غ	س	ف	ب	ب	ث	د	گ	ک	د	گ	ي	ل	ط	م
ل	و	ز	خ	و	گ	ج	ن	ھ	ئ	ض	س	م	ث	ا	خ
ف	ت	ا	ن	و	ک	غ	ج	ن	و	ق	آ	ت	س	ق	ا
ن	ے	ؤ	ئ	ج	ج	س	س	ٹ	ے	ع	پ	خ	ا	ت	ل
ز	و	ی	چ	ن	غ	ح	م	ی	ب	ک	ث	گ	ی	ن	ف
ي	ی	ڑ	و	ھ	ٹ	ٹ	ک	و	ح	آ	ؤ	ؤ	ح	ُ	ے
ت	ر	ا	ہ	م	س	س	ل	ڑ	ا	ک	ا	ح	ی	ع	ژ
ر	ف	ح	ن	ح	ض	ع	م	ش	ت	ُ	گ	آ	ش	ف	ر
ی	ی	ھ	ٹ	م	ئ	ح	پ	ک	ہ	ن	ی	ف	و	ر	ی
ڈ	ر	ش	گ	ک	ب	ض	ڑ	ک	ط	ت	ن	ز	گ	ي	م
و	ح	ئ	ؤ	-	ش	ا	غ	ژ	ی	ؤ	ٹ	ش	س	ف	ئ
ص	ش	ض	ٹ	س	-	ر	ش	ي	ب	ز	ے	د	-	ض	ص
و	ش	ث	گ	ں	ُ	-	ن	ن	س	ص	ط	چ	ل	ن	ٹ
ل	-	ظ	د	ہ	چ	ھ	ت	گ	گ	ر	ر	ح	ج	پ	ز
ی	ي	ئ	گ	ظ	ش	ے	ب	ف	ۓ	ج	ص	ڈ	ٹ	ع	ا
ت	ی	ظ	ز	ؤ	ز	س	ڑ	گ	ُ	د	ؤ	س	ٹ	ث	ئ

گھنٹی
جسم
ٹھوڑی
کونا
کہنی
ختم
لڑاکا
مٹھی
فوکس

دستانے
کک
مخالف
پوائنٹس
فوری
وصولی
ریفری
مہارت
طاقت

87 - Countries #2

ھ	ج	د	ش	ط	ط	ے	ط	آ	ج	ں	ش	ع	ل	ٹ	ی
ا	غ	ئ	ں	ض	ج	ہ	ی	ل	ا	م	و	ص	ب	ہ	و
م	ی	ک	س	ی	ک	و	ٹ	ی	پ	ک	و	ب	ن	پ	ن
ا	ي	ر	ع	خ	پ	ط	ی	ڑ	ا	ا	ی	ں	ا	ا	ا
ش	خ	ی	ی	-	ژ	ق	ہ	ب	ن	و	و	م	ن	ک	ن
ا	م	ف	ک	ج	ق	ھ	ط	ذ	-	پ	ٹ	ژ	ج	س	ی
و	ں	ی	ث	ی	ئ	-	و	ج	ض	ڑ	ا	س	ر	ت	ر
ٹ	گ	س	ھ	چ	ے	ا	ڈ	ن	گ	وُ	ی	پ	ی	ا	ک
گ	ھ	ھ	د	ڈ	ف	ی	ن	ے	س	ُ	ر	ض	د	ن	و
ا	ی	ت	ھ	و	پ	ی	ا	ڑ	و	گ	ی	ہ	م	ي	ی
س	س	ز	ہ	ض	ر	ڈ	خ	گ	ڈ	غ	ب	خ	د	ھ	ش
-	ص	ي	شُ	ظ	ا	ق	ؤ	ت	ا	ل	ئ	ڈ	ض	ؤ	و
ي	غ	غ	ُ	ق	ي	س	ہ	ط	ن	ا	ا	ض	ض	ت	ر
ے	ط	پ	ص	ظ	ژ	ہُ	ج	ژ	ث	پ	ل	ؤ	ڑ	ں	ئ
ؤ	ع	ک	چ	ی	ش	ُ	ح	ڈ	ن	ی	آ	ش	س	و	ر
ڈ	ن	م	ا	ر	ک	ہ	ت	ہ	ی	ن	ا	ب	ل	ا	ہ

البانیہ
ڈنمارک
ایتھوپیا
یونان
ہیٹی
جمیکا
جاپان
لاؤس
لبنان
لائبیریا

میکسیکو
نیپال
نائجیریا
پاکستان
روس
صومالیہ
سوڈان
شام
یوگنڈا
یوکرین

88 - Ecology

ی	ے	ڈ	ث	ؤ	ک	ث	ع	ؤ	پ	ک	ق	و	ڑ	د	پ
ف	ے	ت	ک	ؤ	م	آ	ش	ذ	ز	ب	ش	ٹ	چ	خ	ہ
م	ا	ر	ش	ں	ی	ل	ا	س	ک	ش	خ	ق	س	م	ا
آ	ر	ط	ژ	ئ	و	ہ	ق	و	س	ا	ئ	ل	ي	ؤ	ڑ
ے	و	ف	ح	گ	ن	د	ب	ت	ج	و	-	ہ	ظ	ڑ	د
گ	ل	غ	ق	ے	ٹ	س	و	ش	ن	ہ	ذ	ڑ	ج	ٹ	ن
ح	ف	ر	ا	د	ی	ئ	ا	پ	ل	و	ط	ہ	ق	ق	ب
م	ی	ل	ر	و	ز	ٔ	ڈ	ظ	ص	ب	ع	آ	ٔ	ع	ل
س	ک	ن	ٹ	پ	ض	ز	و	ط	ي	آ	ن	و	ل	ظ	ر
ک	غ	ژ	م	پ	ح	ج	ژ	ا	ز	ق	خ	د	ئ	ں	ق
ن	ل	خ	ی	ت	ر	د	ق	ي	ھ	ح	ر	ص	ب	غ	ں
ے	و	ت	ر	و	ق	م	ظ	ط	و	ي	ٹ	ز	آ	چ	ن
گ	ج	و	ی	م	ل	ا	ع	ر	ض	ا	ک	ا	ر	و	ں
ؤ	ت	ا	ن	ا	و	ی	ح	خ	ل	ب	د	ق	غ	ف	ن
د	ض	چ	ط	س	ج	و	ض		آ	ے	و	ن	ط	ئ	ث
ں	ڈ	ٹ	ژ	د	ن	ش	ج	ذ	ج	ز	ق	ق	ھ	ٔ	پ

آب و ہوا
کمیونٹیز
تنوع
خشک سالی
حیوانات
فلورا
عالمی
مسکن
میرین
مارش
پہاڑ
قدرتی
فطرت
پودے
وسائل
بقا
پائیدار
قسم
پودوں
رضاکاروں

89 - Adjectives #2

ڈ	ف	ں	ق	ز	پ	س	چ	ل	د	ق	آ	ع	ئ	ب	ژ
ز	ض	م	ئ	-	ی	ئ	ن	ڈ	م	ض	ب	و	ط	ز	پ
ي	ز	-	ي	ب	د	ت	خ	ل	ی	ق	ی	ل	گ	ن	ج
و	ض	ژ	ص	س	ا	د	ر	ٹ	س	ک	خ	ژ	ن	چ	ظ
ا	ے	ف	ح	ت	و	ز	ڈ	د	چ	ز	و	ح	م	-	ی
ہ	ج	ن	ت	ڈ	ا	ا	د	و	ق	ث	ب	م	ک	ہ	ن
ع	گ	ط	م	ش	ر	و	ہ	ش	م	ت	ص	س	ی	ع	-
ب	ے	ح	ن	ث	ی	ل	چ	ژ	م	ن	و	ت	ن	ق	ق
پ	ي	س	د	ب	ھ	و	ک	ا	ل	ی	ر	ن	ج	ؤ	ظ
آ	ض	ل	نٗ	ع	چ	ڈ	ژ	ش	ڈ	ن	ت	دٗ	-	ا	ذ
گ	طٗ	ٹ	ٗ	ض	و	ش	ظ	ئ	خ	د	ا	ٗ	ذ	ص	ژ
-	ٗ	غ	ث	ہ	ض	ظ	د	ا	ث	چ	غ	ب	چ	ے	ض
ز	ص	ے	ض	ر	ا	د	ہ	م	ذ	گ	ر	م	ع	ھ	ا
ح	خ	ر	نٗ	ث	ح	آ	ف	ے	ڈ	ک	م	و	ط	ظ	ص
ڈ	غ	ی	ٗ	ٹ	ت	پ	ي	ن	ں	گ	چ	ي	ے	ژ	ھ
ف	خ	ر	ؤ	خ	ی	ص	ذ	ئ	ز	ژ	پ	ژ	ٹ	چ	ص

دلچسپ
قدرتی
نئی
پیداواری
فخر
ذمہ دار
نمکین
نیند
مضبوط
جنگلی

مستند
تخلیقی
وضاحتی
خشک
خوبصورت
مشہور
تحفے
صحت مند
گرم
بھوکا

90 - Psychology

ا	ن	ذ	گ	ل	ت	ص	ی	خ	ش	ت	خ	ب	ؤ	ک	-
ح	خ	ں	ز	ط	ج	ي	ج	ڈ	گ	ک	غ	ع	ي	ق	ؤ
س	ج	ک	ث	آ	ر	ذ	ز	ن		ش	و	ہ	ے	ب	ز
ا	ن	ڑ	گ	ڈ	ب	ت	ز	ژ	خ	خ	خ	و	ا	ب	ب
س	ں	غ	ی	ث	ا	ڑ	ذ	ض	ظ	ث	ث	ن	چ	ن	پ
پ	ڑ	ذ	ط	ق	ت	گ	ھ	ٹ	ف	ف	م	پ	و	ل	ؤ
ت	م	گ	ے	ف	ش	ڑ	ک	-	ز	ئ	ن	ق	ت	ز	ا
ق	س	ظ	ع	ل	ت			ف	ا	ص	ث	ؤ		ث	ت
ن	ئ	ح	ڑ	س	ج	چ	ص	ف	غ	ژ	ک	ہ	ر	ح	ر
ک	ل	ش	خ	ا	ذ	ب	ف	ک	ژ		ص	ا	پ	ی	ب
ظ	ہ	ش	و	ے	ب	و	ؤ	ش	خ	ن	ت	آ	ھ	ٹ	
ش	ع	ق	ا	ن	ا		ش	خ	خ	ط	د	س	ٹ	ج	ط
ث	ز	م	ئ	ہ	ت	ت	ھ	ص	ی	ي	ڈ	ص	م	ب	ک
ظ	ا	ث	ت	ھ	ر	ا	پ	ی	ا	د	ی	ں	ی	ي	ض
ڑ	ن	ڑ	ی	ح	ق	ی	ق	ت	ل	ت	ا	ل	ا	ی	خ
ن	ت	ں	ذ	ں	د	ی	ل	ئ	ش	ڈ	ٹ	و	-	ذ	ف

تشخیص
برتاؤ
بچپن
طبی
تنازعہ
خواب
انا
جذبات
تجربات
اثرات

یادیں
خیال
شخصیت
مسئلہ
حقیقت
احساس
تھراپی
خیالات
بے ہوش

91 - Math

م	ز	ئ	ھ	د	ڑ	ح	ط	د	ڈ	ض	غ	ٹ	ٹ	ر	-
ج	س	ا	د	ر	ے	ے	ا	ن	ز	ا	و	ت	غ	خ	ئ
ح	آ	ت	ہ	پ	ت	ث	ع	ژ	ط	ع	ض	ي	د	چ	م
م	ع	م	ط	ت	ز	ع	ف	ی	ي	ش	م	ظ	ي	ہ	س
ر	ا	ع	ا	ی	ئ	ڑ	ک	و	ع	ا	ف	ر	ی	م	ا
ب	ڈ	ش	ح	ض	ل	ژ	ل	ڈ	و	ر	ط	ق	ز	ج	و
ع	ک	ھ	ا	ا	ن	م	ب	ر	ز	ی	ی	ہ	ژ	ذ	ا
ث	د	ئ	م	ی	آ	ح	ہ	د	ت	ہ	ی	و	ا	ز	ت
ت	آ	ک	خ	ر	ں	ن	ئ	ف	چ	ص	ڈ	ص	ں	ر	ن
م	ت	و	ا	ز	ی	ٹ	ہ	ف	م	ح	گ	ن	ق	ع	آ
ب	ہ	آ	نِ	م	گ	ی	ع	ے	ث	چ	ر	ک	ز	ح	ش
ا	ت	ت		ہ	ن	د	س	ہ	ل	د	ی	ل	آ	ژ	ھ
س	ہ	ڈ	ط	ے	ن	ے	ج	د	ث	ں	ٹ	ض	ث	ي	
ح	و	گ	ک	ث	ی	ر	ا	ل	ا	ض	ل	ا	ع	ذ	چ
ي	ن	چ	و	ع	ب	م	ا	د	گ	ل	س	ح	ي	ے	ض
غ	ہ	ش	ٹ	ي	ق	ژ	د	-	خ	ص	ت	ص	ئ	ڈ	ہ

زاویہ
ریاضی
فریم
اعشاریہ
ڈگری
قطر
ڈویژن
مساوات
حصہ
ہندسہ

نمبرز
متوازی
احاطہ
کثیرالاضلاع
رداس
مستطیل
مربع
توازن
مثلث
حجم

92 - Activities

ک	ی	م	پ	ن	گ	ؤ	ب	پ	ل	ش	ر	ن	ن	ھ	ر
ف	ر	ق	آ	ف	م	ث	ا	ے	ی	ث	ق	ذ	ف	ر	چ
ظ	ی	ش	ط	د	د	ئ	غ	خ	ھ	ن	ص	-	ش	خ	آ
ث	گ	د	ڑ	ؤ	س	خ	ب	ع	ک	چ	ٹ	ژ	خ	و	ھ
د	ی	ن	ت	ض	ت	ل	ا	ڈ	ف	س	و	ن	م	ش	ب
س	ہ	م	ف	ب	ک	ل	ن	ئ	ح	ُ	ب	آ	گ	ی	ُ
خ	ا	د	ر	ژ	ا	ل	ی	ح	ر	ر	و	ج	پ	م	د
ض	م	س	ی	ن	ر	پ	ی	د	ل	س	ف	ر	ڑ	ہ	م
ز	ڑ	ي	ح	م	ی	گ	س	ز	ف	ئ	ج	گ	ھ	ا	ض
ظ	ے	ض	ض	ص	ف	ی	ط	ر	ن	ف	ا	د	ن	ر	ڑ
ب	ن	ا	ئ	ی	ذ	ي	ص	ح	گ	ض	د	ے	ے	ت	ب
س	ل	ا	ئ	ی	ح	ر	ؤ	ط	ش	ر	و	س	ث	ص	و
ض	ج	ؤ	ہ	ؤ	ج	و	ل	گ	ک	ع	م	ے	ا	ط	ک
ف	ئ	ف	چ	ٹ	ھ	ت	ا	د	ا	ف	م	ی	ز	ھ	ج
ت	ف	ف	ي	س	ي	م	ے	-	ر	خ	ذ	ٹ	خ	ژ	ک
ل	آ	ر	ا	م	ی	د	ے	ت	ط	د	ئ	ڑ	ل	ڑ	ف

سرگرمی
فن
کیمپنگ
دستکاری
رقص
ماہی گیری
کھیل
باغبانی
پیدل سفر
شکار

مفادات
بنائی
تفریح
جادو
پینٹنگ
خوشی
پڑھنے
آرام
سلائی
مہارت

93 - Business

ظ	غ	گ	چ	ز	خ	چ	و	ؤ	ف	چ	ں	-	ٹ	ع	ؤ
ح	ل	س	س	ص		ز	د	ھ	ی	ن	پ	م	ک	ف	ز
ٹ	ڑ	م	غ	ژ	ط	ی	ر	ا	ک	ہ	ی	ا	م	ر	س
ا	ٹ	چ	ع	گ	ق	ے	ئ	ھ	ٹ	ذ	ر	ژ	ی	و	ک
و	ز	ژ	ب	ا	س	ڑ	ز	آ	ر	ت	ف	د	ق	ے	ی
گ	ش	س	ع	ج	ش	ن	ع	ل	ی	ر	ع	ا	ی	ت	ٹ
س	ر	ن	ف	ک	ٹ	ی	ي	ر	س	غ	غ	چ	ے	ڑ	ض
ہ	ژ	ڈ	ا	ص	ق	گ	ا	ع	ن	ڈ	ز	ں	ژ	ٹ	ي
ں	س	ت	ن	ح	و	ج	ھ	ت	ر	ر	ی	ث	ی	ہ	ع
ؤ	ق	ی	م	ت	ط	ی	ح	ک	ک	م	ف	ی	ل	س	
ط	خ	ب	پ	چ	غ	ہ	ئ	ث	ط	ی	ن	د	م	آ	ی
ف	ر	و	خ	ت	ح	ن	و	ط	ٹ	ن	ؤ	ؤ	ل	ج	ش
ں	و	ث	چ	ب	ٹ	ب	ص	ں	ا	ی	ڈ	ن	ا	ر	ز
ا		ڑ	م	ا	ل	ی	ا	ت	ئ	ج	ژ	ن	ز	ع	-
ذ	ڑ	س	ک	ی	ر	ی	ئ	ر	ل	ر	د	ت	م	ڈ	د
ل	-	ق	ٹ	ے	ط	ح	ر		ا	ظ	غ	د	ک	ا	ن

بجٹ
کیریئر
کمپنی
قیمت
کرنسی
رعایت
معاشیات
ملازم
آجر
فیکٹری

مالیات
آمدنی
سرمایہ کاری
مینیجر
پیسہ
دفتر
منافع
فروخت
دکان
ٹیکس

94 - The Company

ذ	ت	ي	ُ	ئ	ح	ف	ر	پ	ص	ع	ئ	د	ط	ژ	س
ڈ	ى	ؤ	پ	م	د	پ	ج	ى	ق	ر	ت	ا	ط	ى	ر
ا	ھ	ق	ں	ہ	ذ	ر	ح	ش	ن	ف	ي	ع	ح	ھ	م
م	ع	ى	ا	ر	س	و	ا	ہ	ل	ص	ى	ف	ن	ڑ	ا
ى	ش	ڈ	و	ک	ھ	ڈ	ن	و	ج	د	ى	د	ژ	ص	ى
و	چ	ن	ُ	س	ک	ک	ا	ر	ا	ب	و	ر	ا	ک	ہ
ن	ث	ٹ	ق	ت	ا	ٹ	ت	ا	ظ	ص	ا	ب	ٹ	و	ک
ٹ	ُ	ں	ز	خ	س	ئ	ٹ	ن	ے	ر	ے	ع	ؤ	ن	ا
س	آ	ى	ص	ل	ح	ع	ل	ہ	خ	ط	ر	ا	ت	ش	ر
آ	ژ	گ	آ	ى	پ	ر	ى	ز	ن	ٹ	ى	ش	ن	ن	ى
م	ر	ن	ف	ق	ر	ز	ا	ے	گ	ش	ھ	م	ک	ل	ڑ
د	ژ	ر	ؤ	ى	و	ش	ي	غ	ر	ف	ر	ں	ل	ح	ض
ن	ڑ	م	و	غ	غ	ک	ع	ب	ح	ر	و	ز	گ	ا	ر
ى	چ	ن	چ	ط	ئ	غ	ں	ق	ٹ	گ	ہ	ح	غ	ش	ع
ض	ژ	ش	م	ا	م	ک	ا	ن	ق	ک	ں	ک	ز	و	ُ
ٹ	ٹ	ج	ر	ث	ي	ے	ق	غ	ت	ڈ	ذ	ڈ	و	س	ش

کاروبار
تخلیقی
فیصلہ
روزگار
عالمی
صنعت
جدید
سرمایہ کاری
امکان
پریزنٹیشن

پروڈکٹ
پیشہ ورانہ
ترقی
معیار
ساکھ
وسائل
آمدنی
خطرات
رجحانات
یونٹس

95 - Literature

ت	ئ	ي	ص	ش	ه	ه	-	گ	ا	ش	پ	غ	ح	ح	ن
ا	پ	چ	س	ں	ں	ا	ف	ه	چ	ج	ژ	ب	ذ	ت	د
ل	ن	ظ	م	ع	ک	ش	ی	ڑ	ُ	ر	ا	و	ی	ض	ز
ب	ه	ص	ی	ه	ڈ	ھ	ے	ي	ح	ُ	ژ	ج	ص	ق	گ
ه	ن	گ	ھ	ؤ	ص	ژ	ت	ج	ز	ی	ه	خ	ٹ	ت	ے
ف	ا	و	ت	ا	ظ	ا	ل	ئ	ک	ژ	ن	ف	ف	و	ز
ڈ	ر	ث	ق	و	ش	ف	ظ	ز	ں	ڑ	ز	ی	ڈ	ج	ل
گ	ع	ٹ	ز	ع	ب	س	ص	خ	ح	غ	ا	ل	م	ی	ه
و	ا	ل	گ	ح	ؤ	ا	گ	ف	ت	گ	و	ع	ت	ف	ر
ئ	ش	ه	ُ	ش	و	ن	ک	ر	چ	ح	م	ج	ه	ا	ا
س	ع	ڑ	ت	ٹ	ط	ه	ڑ	د	ی	ق	ن	ت	ئ	گ	ع
ک	ط	ب	ش	ش	ی	ص	ي	ب	ک	ُ	ن	ے	و	ف	ت
ر	ل	ب	ب	ث	ف	ط	ت	ث	ئ	ط	ل	ئ	ا	ٹ	س
ب	ز	ے	ی	ئ	پ	م	ڈ	آ	ش	ج	ل	ف	ف	ض	ا
ی	ر	ذ	ه	ز	ک	غ	ت	ف	ص	ی	ل	و	ا	ن	ل
ڈ	ٹ	ه	ج	گ	ے	ز	د	چ	ج	ع	خ	ع	ن	د	گ

تشبیہ
تجزیہ
مصنف
موازنہ
نتیجہ
تنقید
تفصیل
گفتگو
افسانہ
استعارہ

راوی
ناول
رائے
نظم
شاعرانہ
تال
سٹائل
تہیم
المیہ

96 - Geography

ج	ه	ن	ذ	-	ش	ه	ر	و	ع	ش	ر	ب	ا	ے	ع
ڑ	ز	ب	ل	ن	د	ی	ض	ف	ل	ژ	م	ا	ض	ک	ر
ي	ج	ی	ئ	ا	چ	ن	و	ا	ا	ر	ظ	ا	ع	ق	ض
ج	ی	ے	ر	د	ن	م	س	ی	ق	گ	ع	و	ل	ط	ا
ص	م	ز	د	ه	ش	ک	ل	ر	ه	ظ	ا	ت	ف	چ	ل
	ل	ظ	ٹ	ر	ڑ		ٹ	د	ا	ح	ر	س	ي	ی	ب
ظ	ک	م	س	ک	ظ	-	ا	آ	ل	م	ب	ا	خ	ه	ل
	ں	چ	گ	ف	م	ؤ	ی	ط	ذ	خ	ر	ط	م		د
ا	ح	س	س	ص	ی	د	ن	س	ٹ	ج	غ	خ	ی	ل	و
ظ	ت	ص	غ	ن	ق	خ	د	گ	-	ن	م	ھ	ر	ک	ؤ
ب	ٹ	ج	ش	ا	ن	ط	ئ	ذ	د	و	ش	ژ	ی	س	ژ
ل	گ	ي	پ	ع	ذ	ے	چ	ع	ر	ب	ح	ذ	ڈ	ه	ب
ز	ج	ظ	ز	ه	غ	ش	ی	ظ	-	ج	ٹ	ث	ی	ر	ق
م	ڑ	ھ	ب	ش	ا	ھ	ق	ج	ث	چ	گ	ت	ئ	ں	ح
م	ے	ج	س	ق	ع	ڑ	ؤ	ز			ژ	غ	ن	گ	ئ
ث	م	غ	و	ن	ف	ز	ع	غ	ع	ی	ع	ک	غ	گ	ؤ

اونچائی
اٹلس
شہر
براعظم
ملک
بلندی
خط استوا
نصف کرہ
جزیرہ
عرض البلد

نقشہ
میریڈیئن
پہاڑ
شمال
دریا
سمندر
جنوب
علاقہ
مغرب
دنیا

97 - Jazz

و	ط	ا	ث	ر	ا	ت	ت	ی	ی	غ	-	پ	ت	ه	و
ع	ذ	س	د	و	و	ی	ا	ن	ا	ر	پ	س	ب	ز	م
ل	ط	چ	ٹ	ز	ع	ه	ل	ه	ل	ع	پ	ن	ل	ظ	و
ُ	آ	ڈ	ر	ا	ا	ط	ش	و	ب	چ	ف	د	ف	ک	س
ن	ی	ر	س	ن	ئ	ظ	ه	م	م	ُ	خ	ی	ظ	ئ	ی
ئ	ُ	م	ن	غ	ف	ل	ح	ؤ	ي	ص	م	د	ي	ج	ق
ی	ُ	پ	ک	م	ن	ز	ں	ئ	غ	ف	ص	ه	پ	ع	ی
ط	ر	ح	ط	ه	ذ	ص	ه	س	م	ي	ٹ	ح	ب	ن	
ت	ل	ت	ص	ے	م	ئ	ظ	ا	ر	ٹ	س	ک	ر	آ	آ
ں	د	ق	ه	ٹ	و	ڑ	ت	خ	ں	ٹ	س	ٹ	ر	آ	و
ے	ف	ؤ	ڈ	ب	س	ش	ی	ت	ک	ی	ن	ک	ت	ع	ح
آ	ذ	ں	آ	ا	ی	ی	ش	س	ں	ل	ُ	د	خ	ق	ن
ذ	ُ	ش	ح	ک	ق	و	ت	ا	ک	ن	ر	ع	ٹ	ھ	ک
ں	ڈ	ذ	ض	ج	ا	ض	ڑ	ث	ؤ	ٹ	پ	ئ	ح	ط	ت
ُ	ے	ر	ر	ق	ر	ح	ڈ	ث	ت	ُ	ي	ن	ق	ئ	ڑ
ٹ	ُ	ڑ	ط	ه	ف	ث	ت	ل	گ	غ	و	ظ	م	ه	س

اثرات
موسیقی
نئی
پرانا
آرکسٹرا
تال
نغمہ
سٹائل
ٹیلنٹ
تکنیک

البم
آرٹسٹ
موسیقار
ساخت
کنسرٹ
ڈرم
زور
مشہور
پسندیدہ
بہتری

98 - Nature

ل	ک	م	ه	ا	ہ	ي	ج	ث	ؤ	ر	ئ	م	ق	ت	ہ
ک	ض	ک	ٹ	ک	ر	آ	ا	ز	خ	ض	پ	ت	ے	ب	ک
ئ	س	د	ھ	ل	ص	ر	ن	ه	ط	م	ژ	ح	د	ظ	آ
ي	ا	ی	ر	د	ٹ	ی	و	ٹ	ث	ح	ف	ر	ہ	خ	پ
چ	ہ	ی	ث	ا	خ	ش	ر	ل	پ	ں	ا	ک	ئ	ا	ي
ڈ	ٹ	د	ط	ب	ن	ی	و	ج	پ	گ	م	چ	ت	ذ	ل
ص	ق	ن	ے	ب	ؤ	ل	ں	ہ	ڑ	پ	چ	ہ	ح	ہ	پ
ئ	پ	ب	ڈ	ه	ا	گ	ه	ا	ن	پ	ذ	ے	آ	ر	پ
ا	ر	ٹ	ھ	ف	ٹ	ک	ه	ر	ت	ق	غ	ڈ	ا	ہ	ں
ع	س	ک	ح	ح	ک	پ	ش	ح	د	غ	گ	م	ط	ف	ل
ک	ک	ن	خ	خ	گ	و	ه	ص	و	ڑ	ن	ا	ب	ل	ڑ
ژ	و	ش	آ	ی	ت	ر	و	ص	ب	و	خ	ل	ھ	گ	د
ہ	ن	ا	ش	ل	ٹ	ب	ذ	ف	پ	گ	ا	ه	ا	ن	پ
ط	د	ظ	ي	گ	ق	پ	د	ث	ژ	ا	ژ	-	ھ	ج	ڑ
پ	ا	پ	م	ن	م	ر	گ	ط	ظ	گ	ع	د	ہ	ؤ	م
ي	ل	ے	ن	ج	ھ	ف	ں	س	د	ث	م	ھ	ط	م	ه

جانوروں
آرکٹک
خوبصورتی
بادل
صحرا
متحرک
کٹاؤ
دھند
پتے
جنگل

گلیشیر
پہاڑ
پرامن
دریا
پناہ گاہ
پرسکون
پناہ
اشنکٹبندیی
اہم
جنگلی

99 - Vacation #2

ش	ع	ذ	ؤ	ه	ن	پ	و	م	غ	ل	ٹ	و	ه	ي	د
ت	ؤ	س	گ	و	ش	ق	ط	ژ	س	م	ن	د	ر	خ	ذ
آ	غ	ت	ف	ر	ی	ح	ش	ش	ذ	ح	ر	ی	و	ن	ا
ئ	پ	ش	ح	ف	خ	س	ٹ	ه	خ	و	و	ک	ر	ه	ث
ث	ص	ص	ں	س	خ	ٹ	ک	م	ر	ل	ٹ	ل	ي	ٹ	ڑ
ے	م	ب	ئ	پ	ع	ا	ز	ی	و	ق	س	م		-	ش
چ	ه	ص	ک	ط		ل	ڑ	خ	ٹ	ن	ی	ر	ت	و	ع
ک	ی	م	پ	ن	گ	ے	م	ه	ر	ش	ر	ی	ذ	ں	و
ئ	ڑ		ن	ک	ب	ئ	ن	ی	و	ؤ	ی	غ	ظ	ي	س
ذ	ج	ے	ک	ز	س	چ	ز	ے	پ	چ	ج	ه	ق		ه
ح	ق		ل	ے	ڑ	ه	ل	ض	س	ں	ت	ڑ	ل	ي	ص
آ	-	ظ	ر	ژ	ؤ	ٹ	ے	ڈ	ا	ی	ئ	ا	و	ه	و
ڑ	ت	ز	ا	س	ا	ی	ڑ	ذ	پ		ذ	ه		ر	ه
ڈ	د	ز	س	ا	ح	ل	س	م	ن	د	ر	پ	ؤ	ی	ا
ک	و	ش	ا	ک	ف	ح	ن	ے	ظ	ک	گ	ظ	ط	ز	ڑ
ف	ذ	ه	م	ڈ	گ	-	ن	س	ؤ	ژ	ض	ص	س	ج	ص

نقشہ
پہاڑ
پاسپورٹ
ریسٹورنٹ
سمندر
ٹیکسی
خیمہ
ٹرین
نقل و حمل
ویزا

ہوائی اڈے
ساحل سمندر
کیمپنگ
منزل
غیر ملکی
چھٹی
ہوٹل
جزیرہ
سفر
تفریح

100 - Electricity

ا	ٹ	ک	ر	ز	ٔ	م	ل	ظ	ض	ں	چ	ق	ؤ	غ	و
ل	ؤ	ی	ڑ	ٹ	ن	د	ی	ر	ج	ي	ل	س	ز	ٹ	س
ی	ق	ب	ٹ	ف	ن	س	س	ز	ڑ	و	پ	ب	خ	م	ل
ک	ب	ل	ی	ج	ن	ر	ی	ٹ	ر	ز	ی	ل	ق	و	ژ
ٹ	ا	ؤ	چ	ن	ژ	ی	و	ی	ل	ی	ٹ	ن	ي	ب	ٔ
ر	ت	ث	ے	ھ	ن	ف	ش	چ	ص	ے	ا	ا	ک	آ	و
ی	پ	ش	ش	ذ	ت	غ	ي	و	ت	ط	ا	ف	ا	ئ	ص
ش	خ	س	ھ	ؤ	ٔ	ت	ژ	ظ	ی	ڈ	ذ	ط	ت	ذ	م
ن	س	ٹ	ن	ح	ی	ص	ي	س	ج	غ	ں	د	ي	م	خ
و	ا	ش	ؤ	ص	ک	ء	ا	ی	ش	ا	و	آ	ڑ	ق	ں
ف	ک	ژ	ٹ	-	ر	ڈ	ر	ر	ل	ر	ے	ض	ا	د	ن
ی	ٹ	ب	ل	ب	و	و	م	ٹ	ت	چ	ب	ف	ت	ا	ا
ل	ئ	ک	س	غ	ٹ	ف	ث	ی	-	ت	ض	و	د	ر	م
ی	خ	ں	گ	س	ی	پ	ب	ب	ک	ر	ٹ	ک	ی	ل	ا
ٹ	ب	ح	ا	ڈ	ن	و	ت	ل	ڑ	ص	س	ی	ن	آ	س
ؤ	ک	ع	غ	ذ	س	-	ق	ع	ؤ	ط	ع	ے	گ	ژ	ت

بیٹری
بلب
کیبل
الیکٹرک
الیکٹریشن
سامان
جنریٹر
چراغ
لیزر
مقناطیس
منفی
نیٹ ورک
اشیاء
مثبت
مقدار
ساکٹ
اسٹوریج
ٹیلی فون
ٹیلی ویژن

1 - Antiques

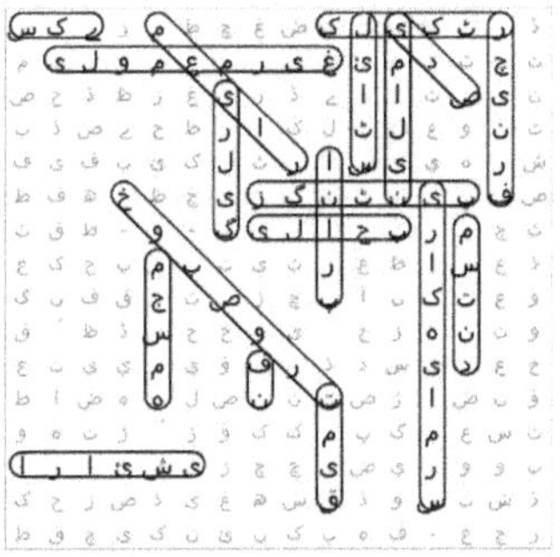

2 - Food #1

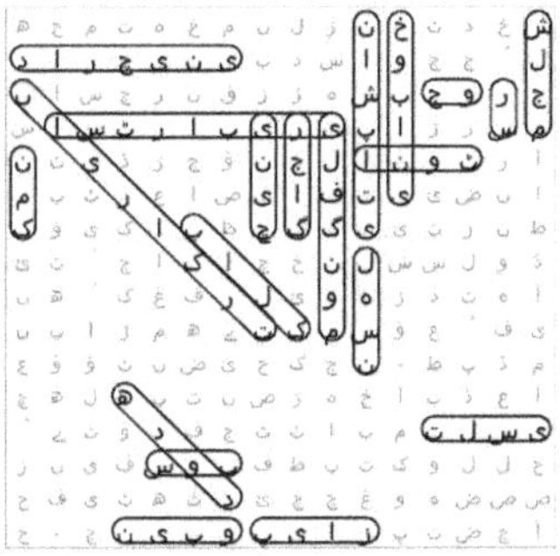

3 - Measurements

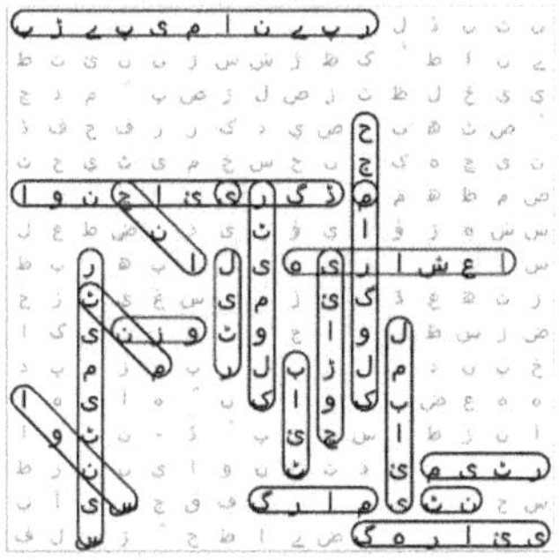

4 - Farm #2

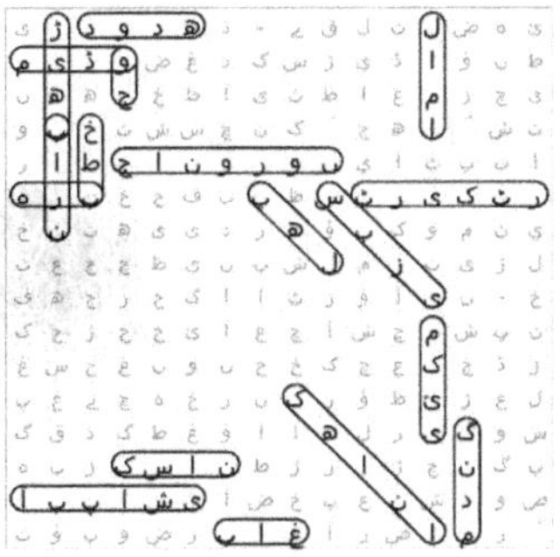

5 - Books

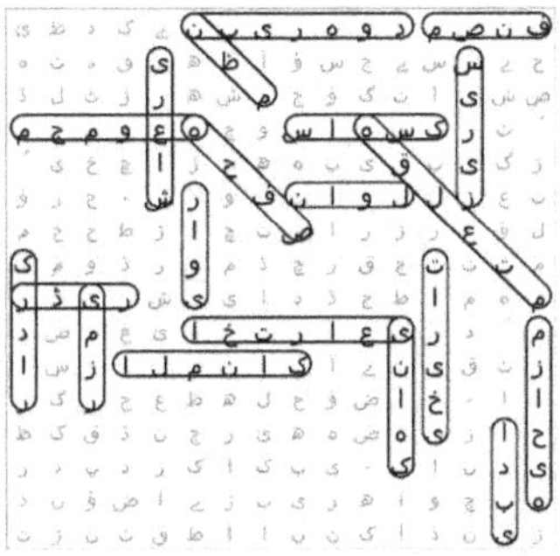

6 - Meditation

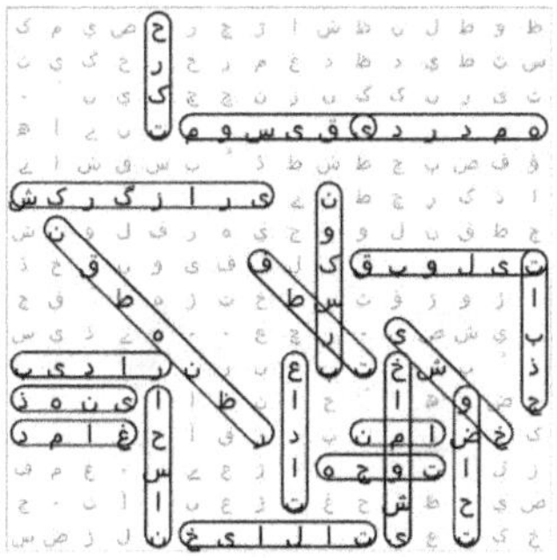

7 - Days and Months

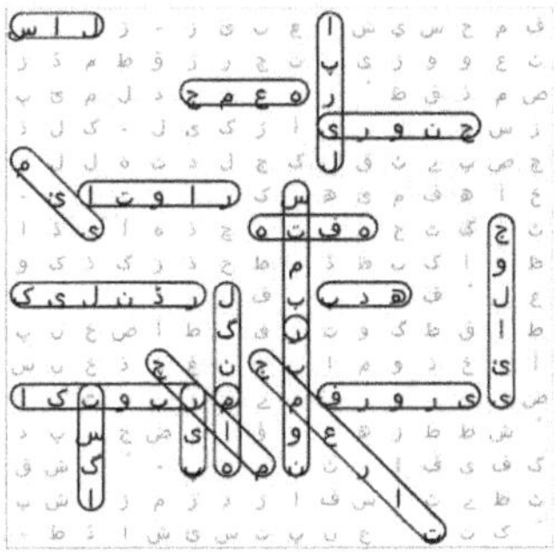

8 - Energy

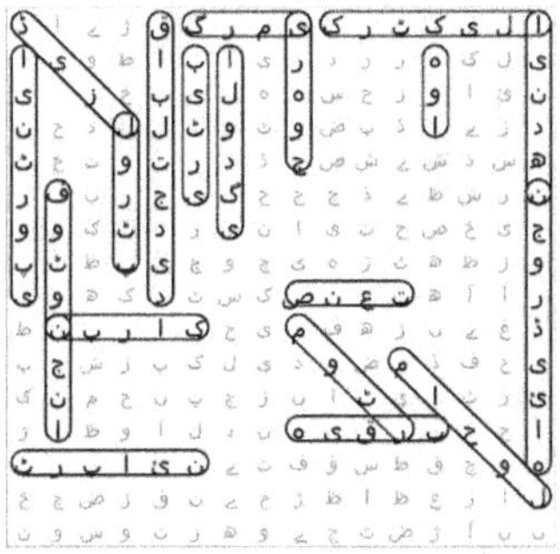

9 - Chess

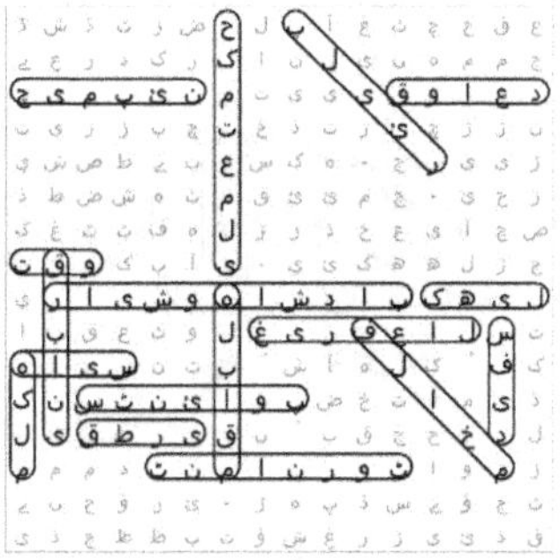

10 - Archeology

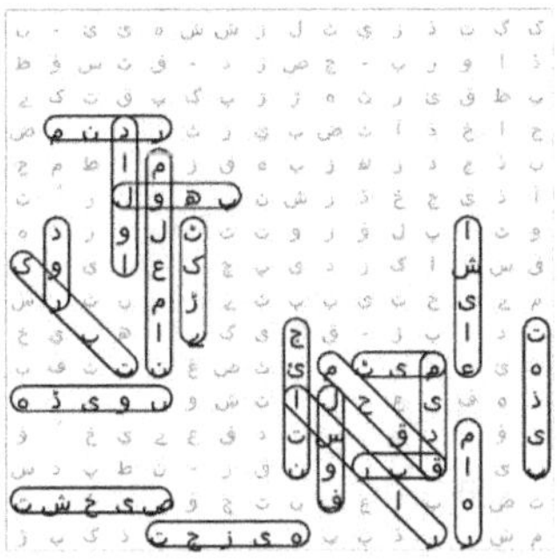

11 - Food #2

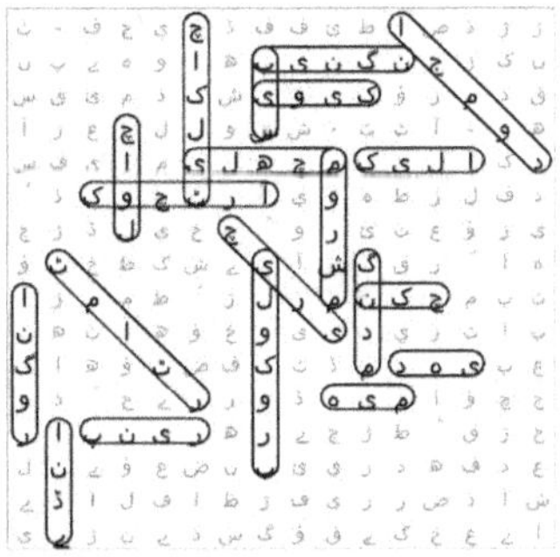

12 - Chemistry

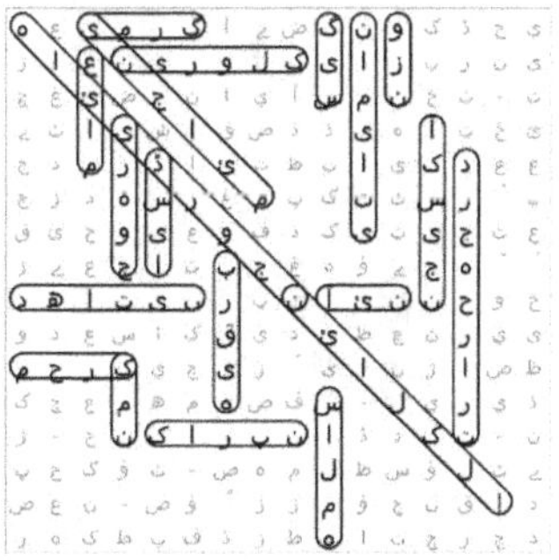

13 - Music

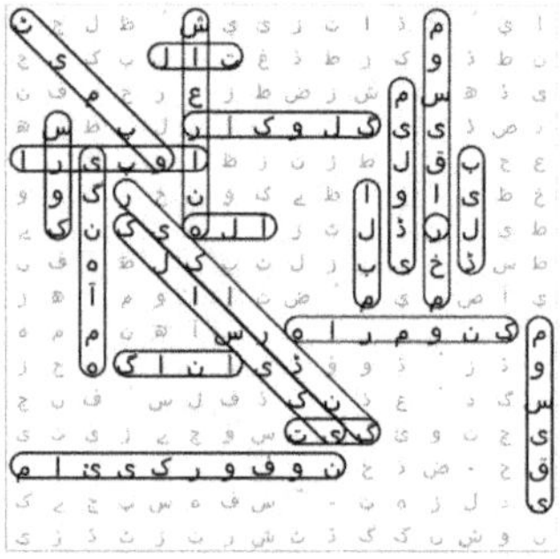

14 - Family

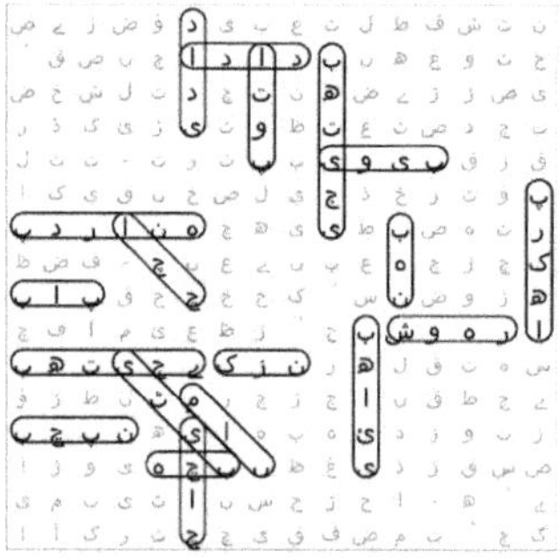

15 - Farm #1

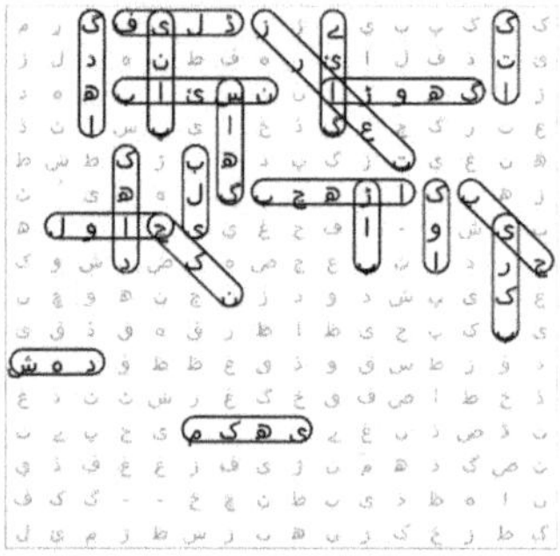

16 - Camping

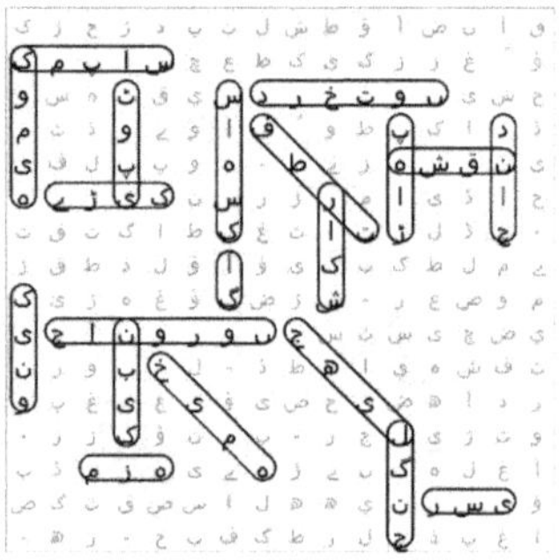

17 - Algebra

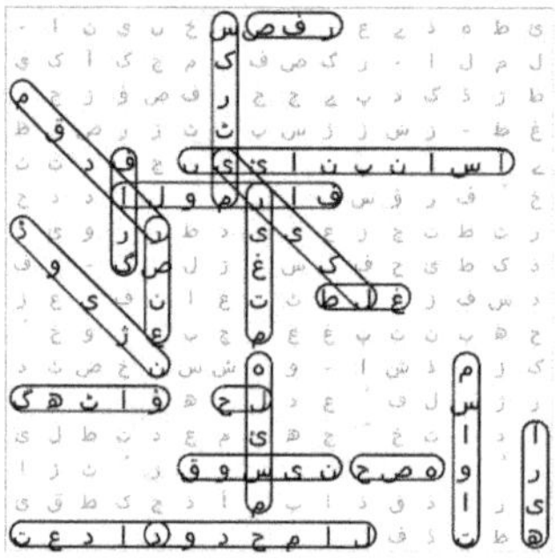

18 - Numbers

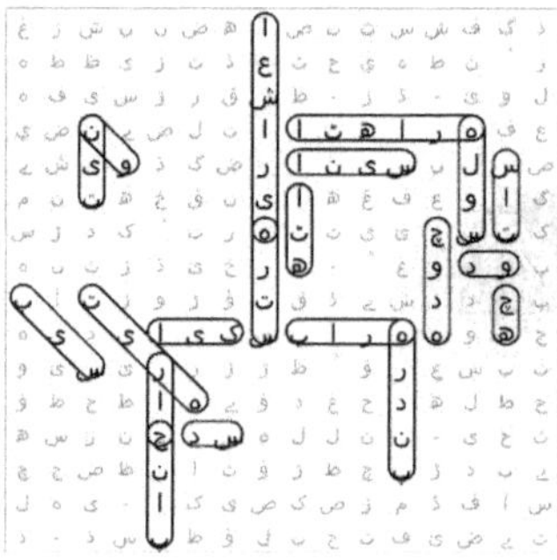

19 - Spices

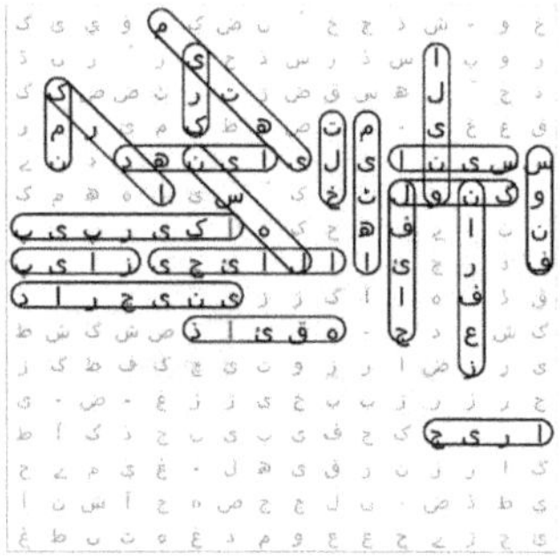

20 - Universe

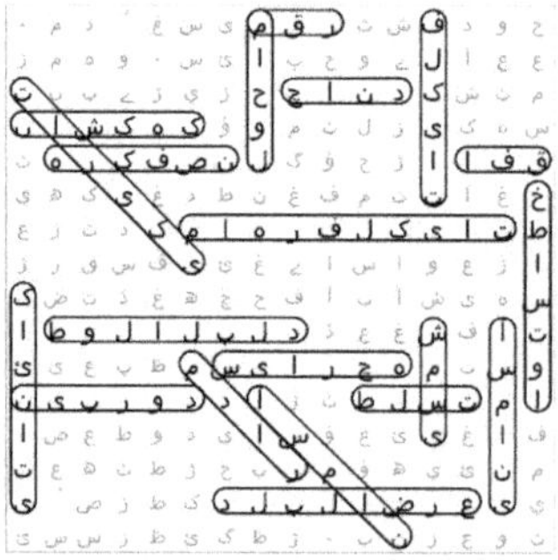

21 - Mammals

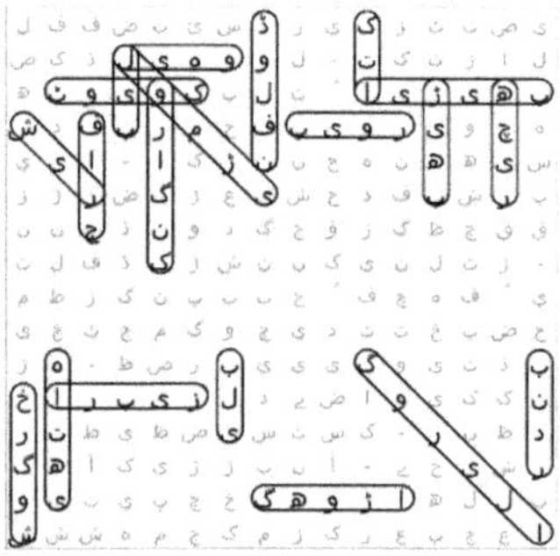

22 - Bees

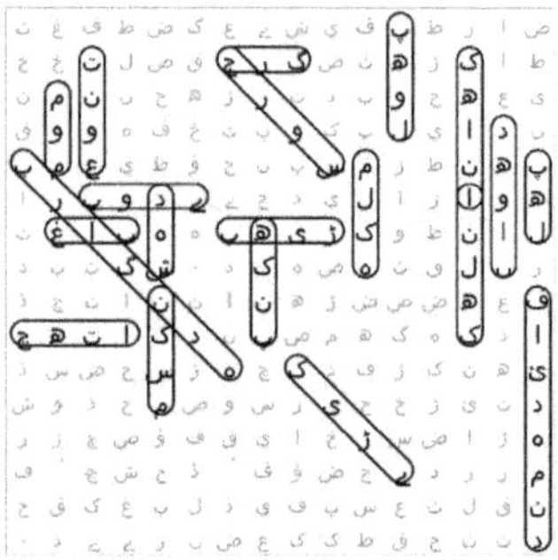

23 - Weather

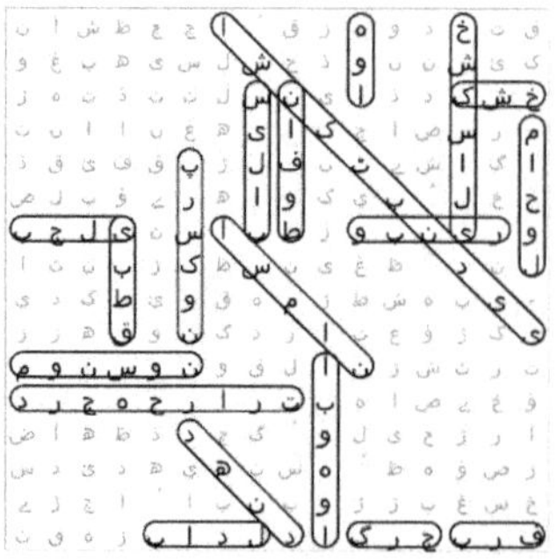

24 - Adventure

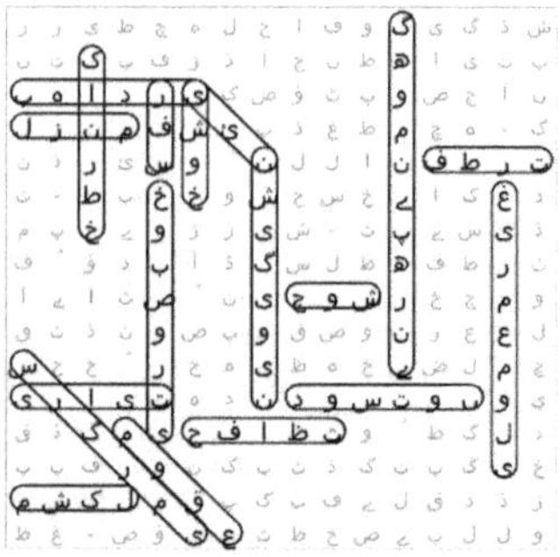

25 - Restaurant #2

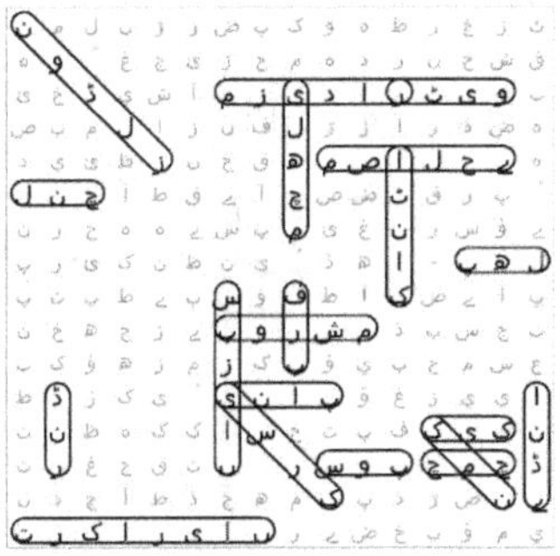

26 - Geology

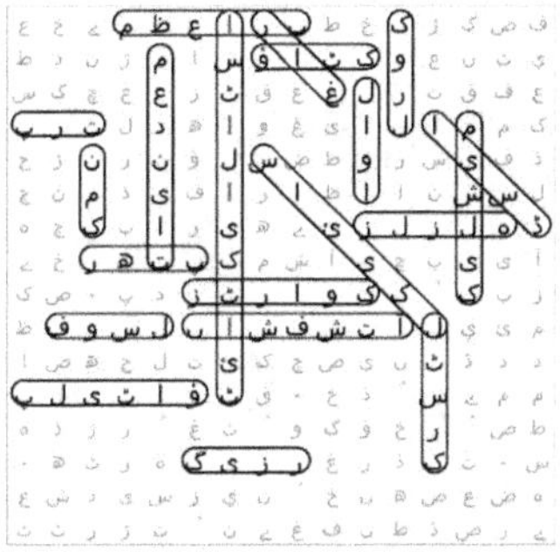

27 - House

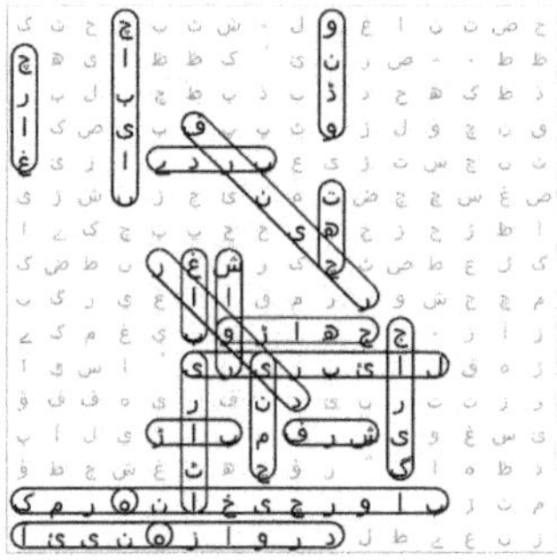

28 - Physics

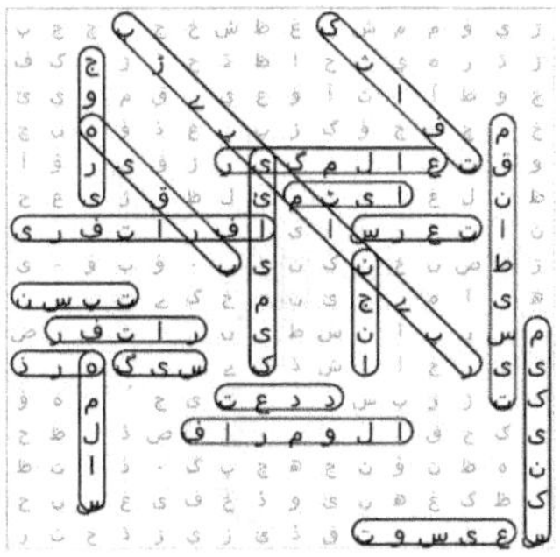

29 - Coffee

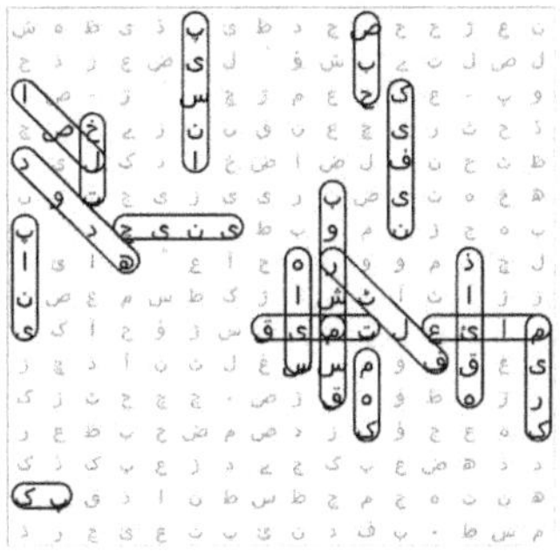

30 - Colors

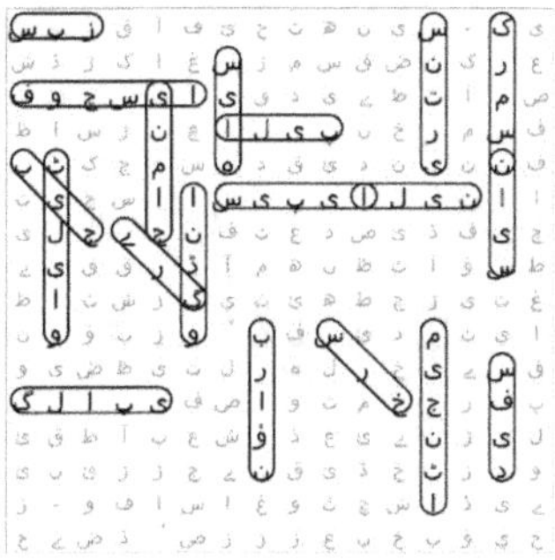

31 - Shapes

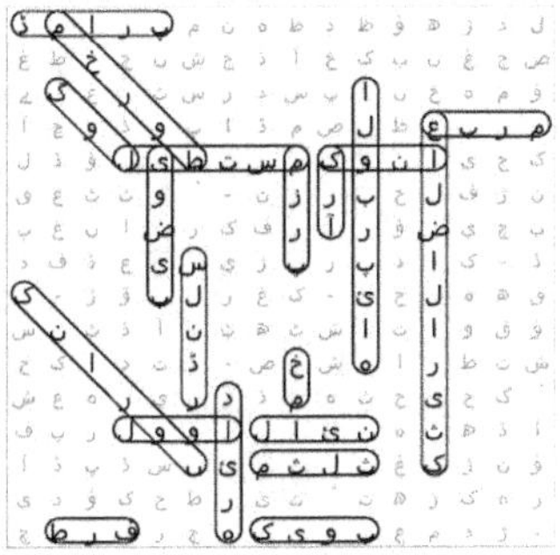

32 - Scientific Disciplines

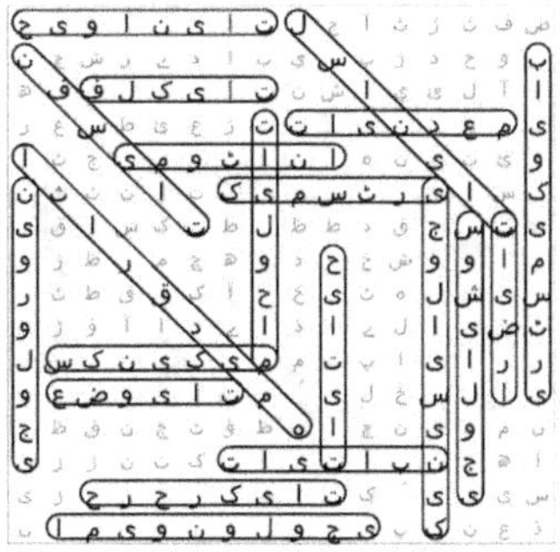

33 - Science

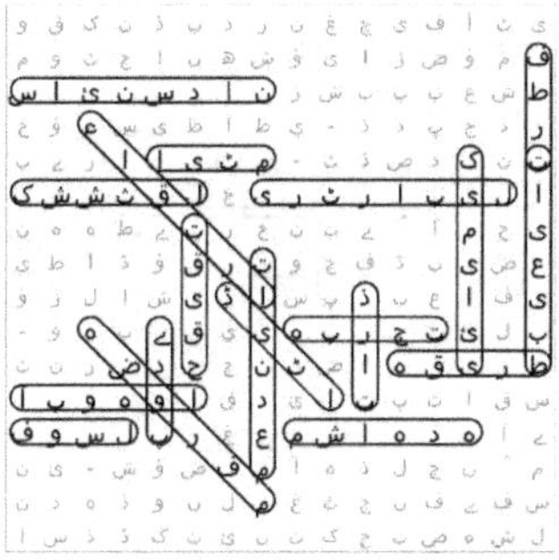

34 - Beauty

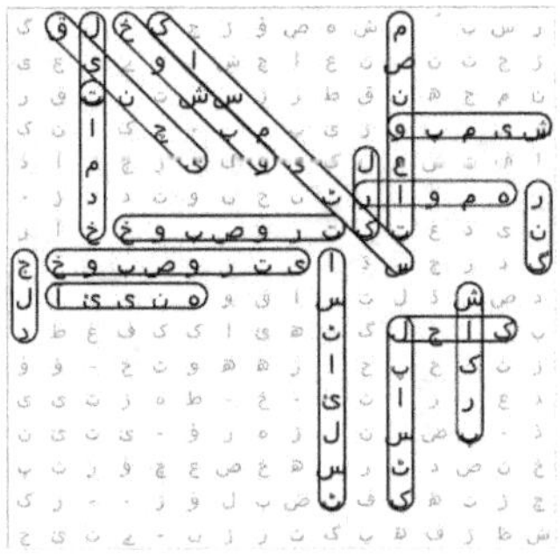

35 - To Fill

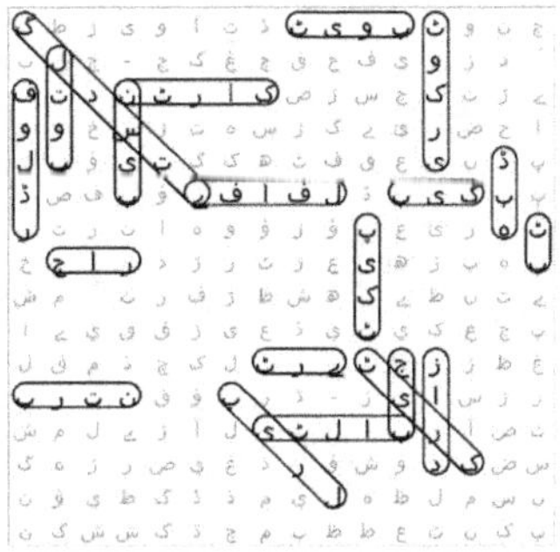

36 - Clothes

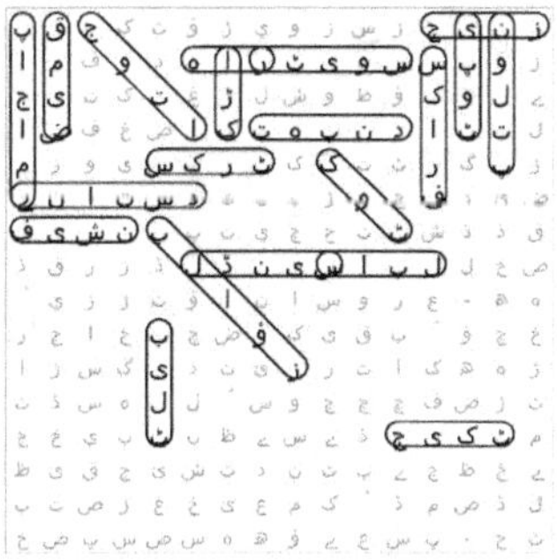

37 - Ethics

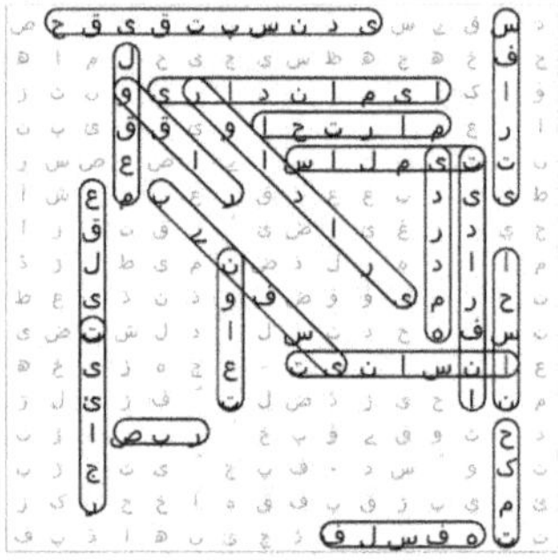

38 - Astronomy

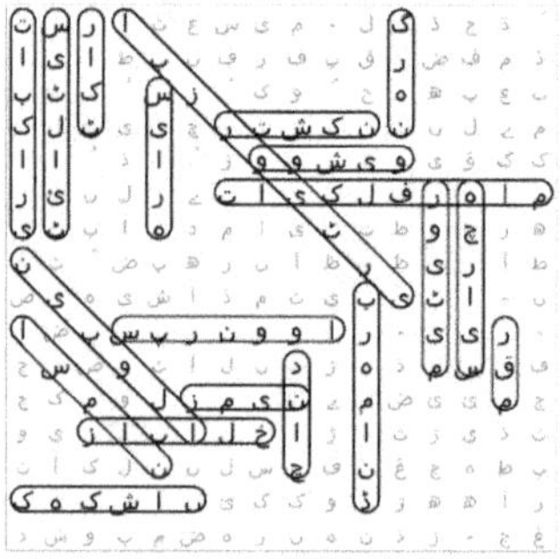

39 - Health and Wellness #2

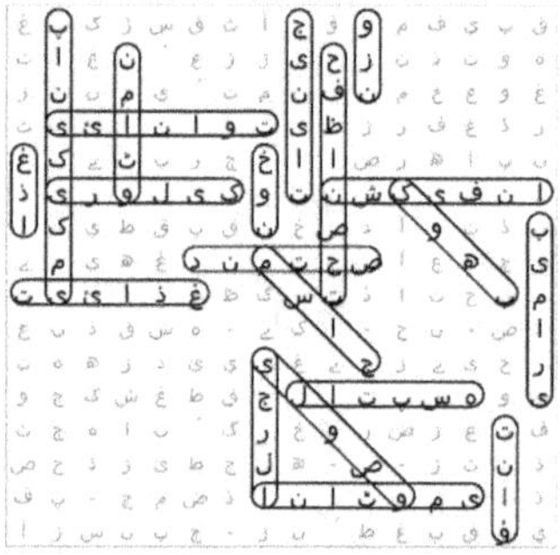

40 - Disease

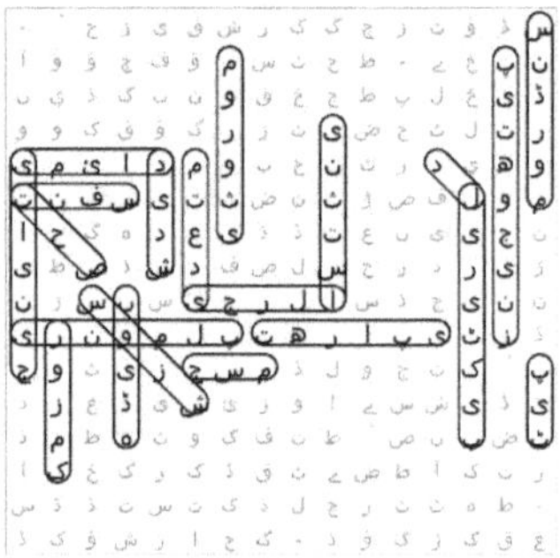

41 - Time

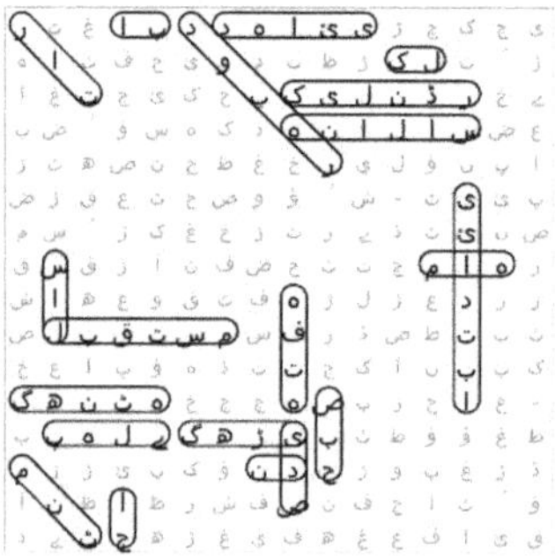

42 - Buildings

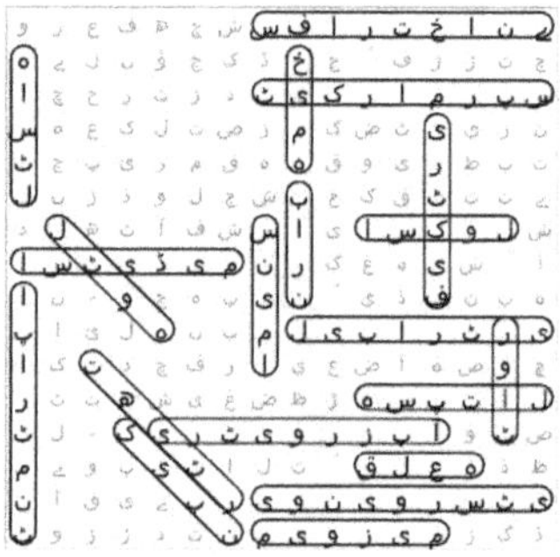

43 - Philanthropy

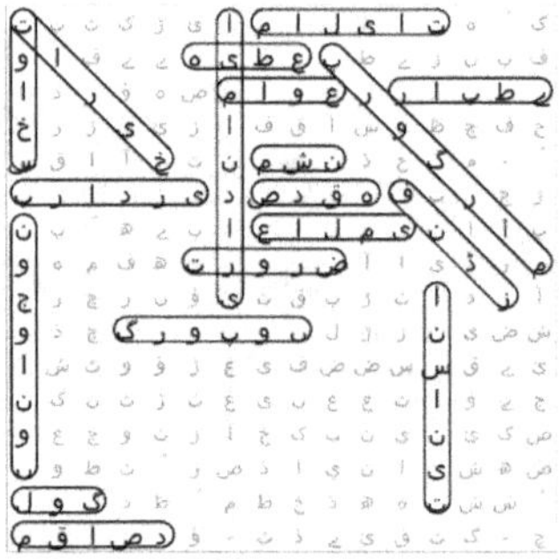

44 - Gardening

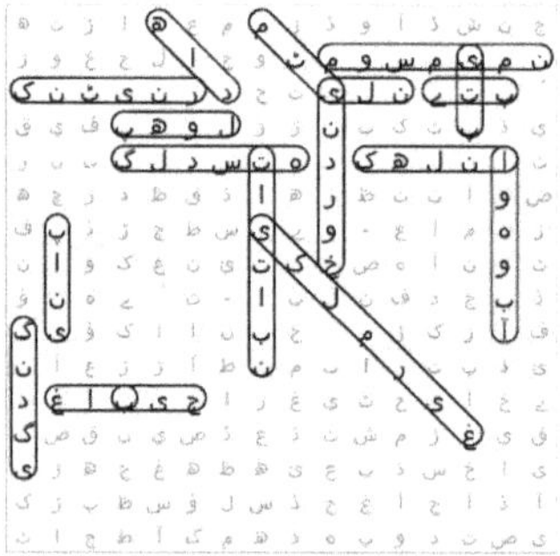

45 - Herbalism

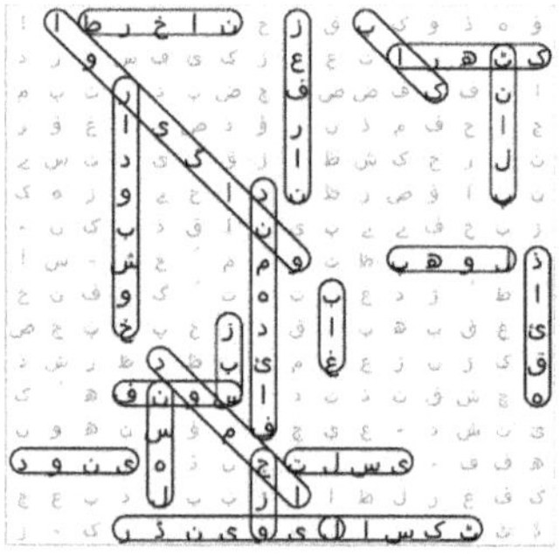

46 - Vehicles

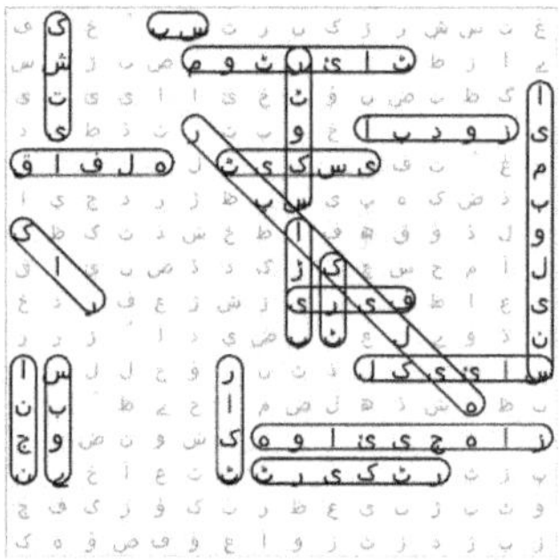

47 - Health and Wellness #1

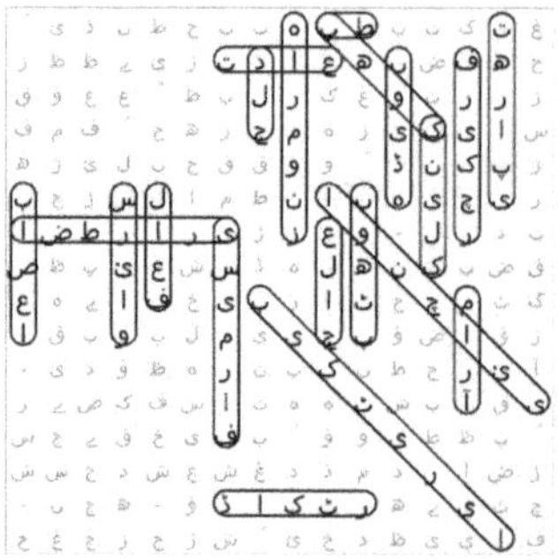

48 - Town

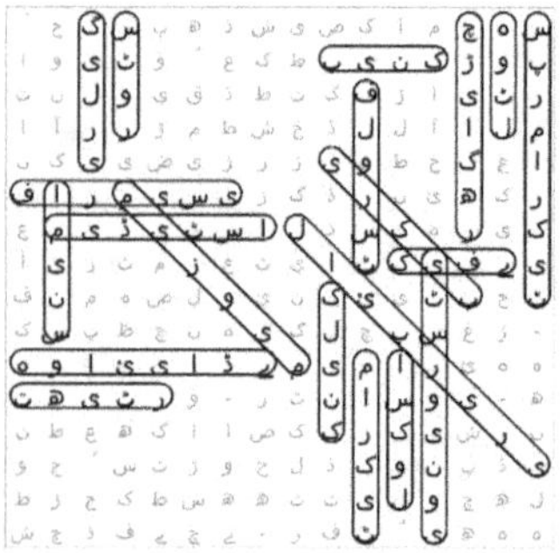

49 - Antarctica

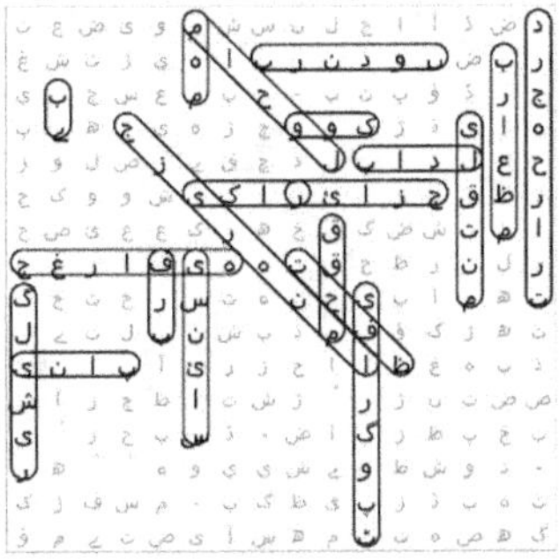

50 - Ballet

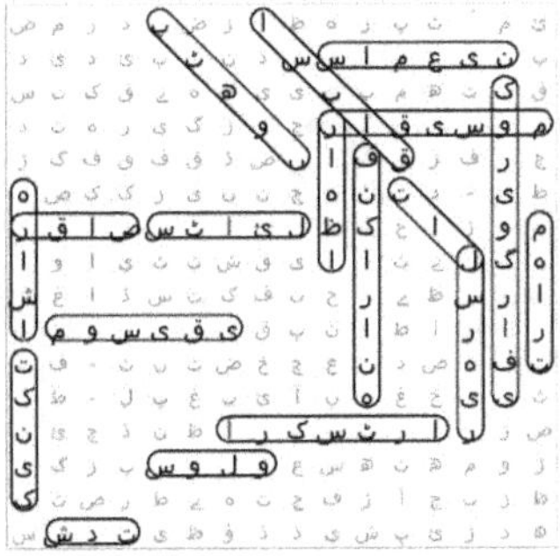

51 - Fashion

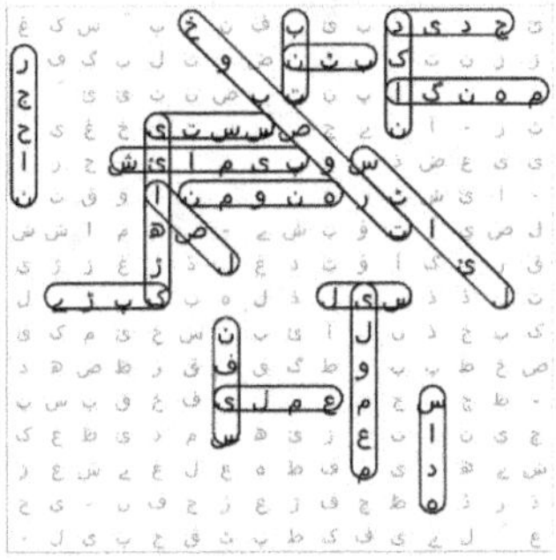

52 - Human Body

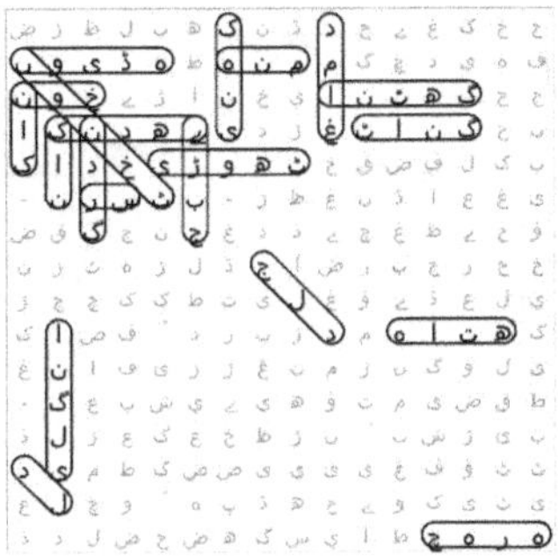

53 - Fruit

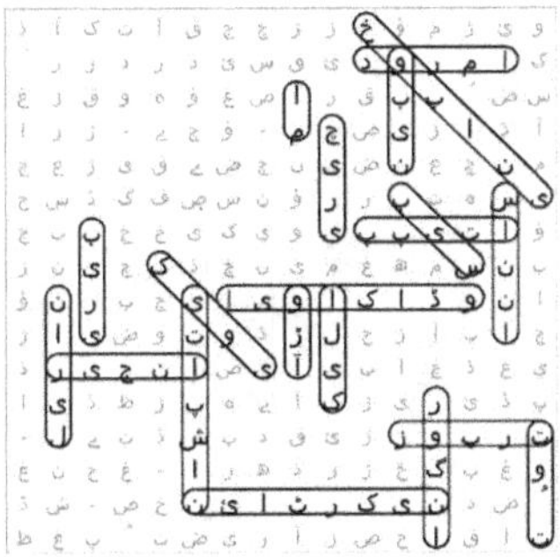

54 - Engineering

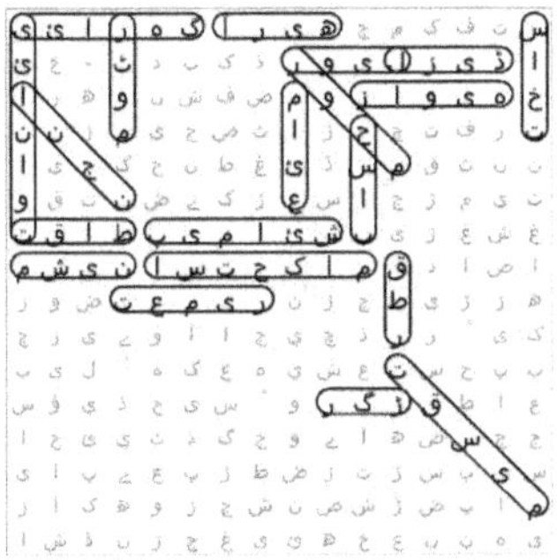

55 - Government

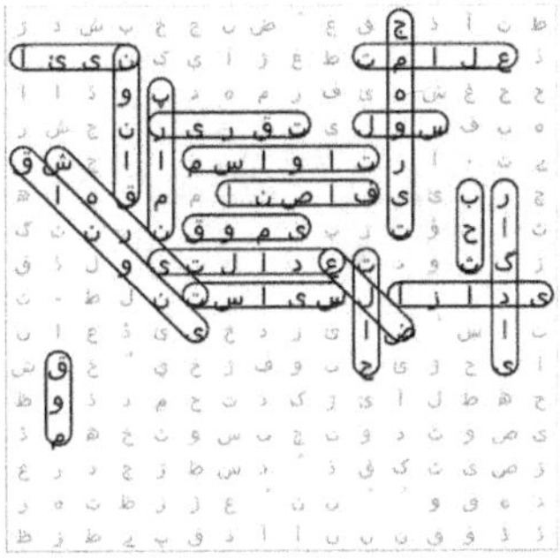

56 - Science Fiction

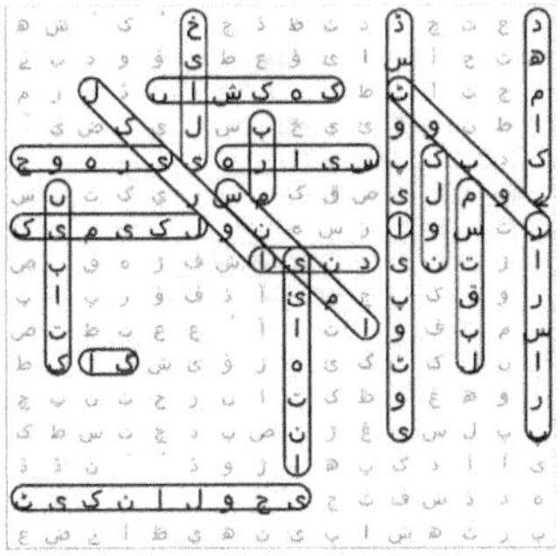

57 - Geometry

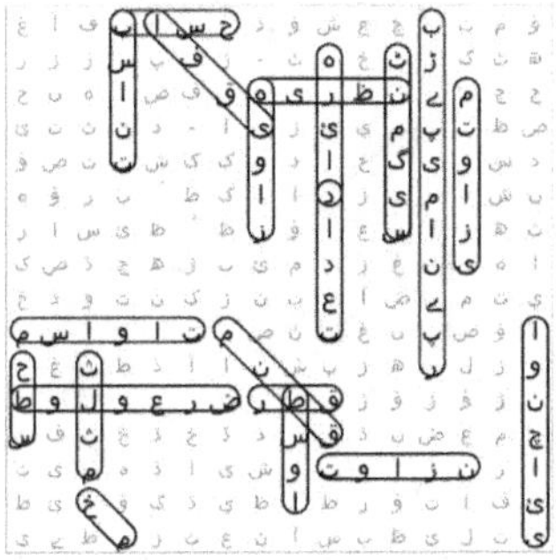

58 - Creativity

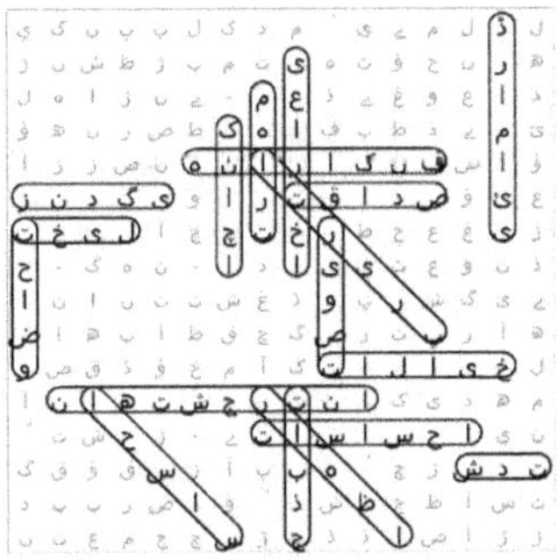

59 - Airplanes

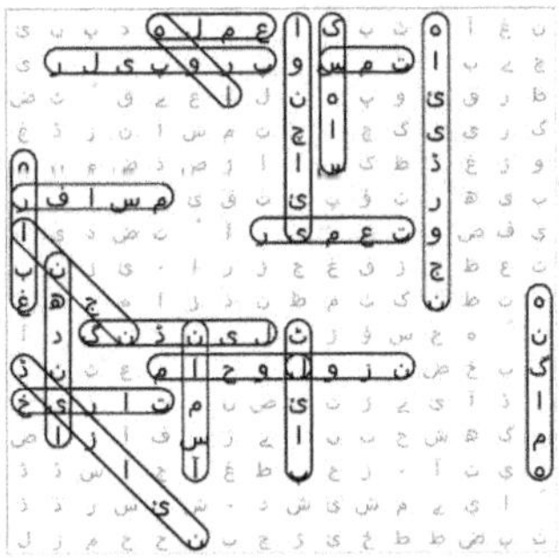

60 - Ocean

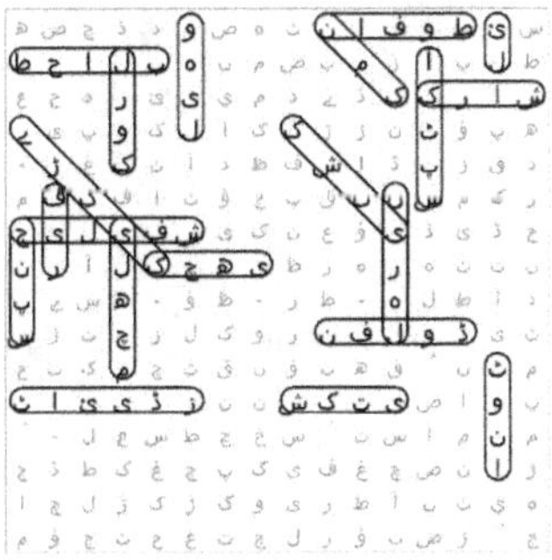

61 - Force and Gravity

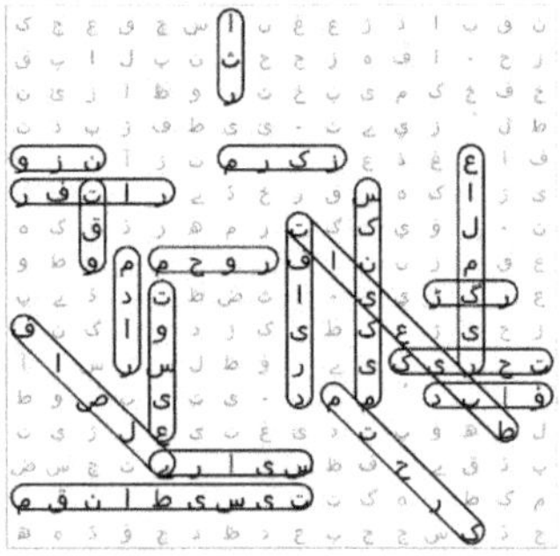

62 - Birds

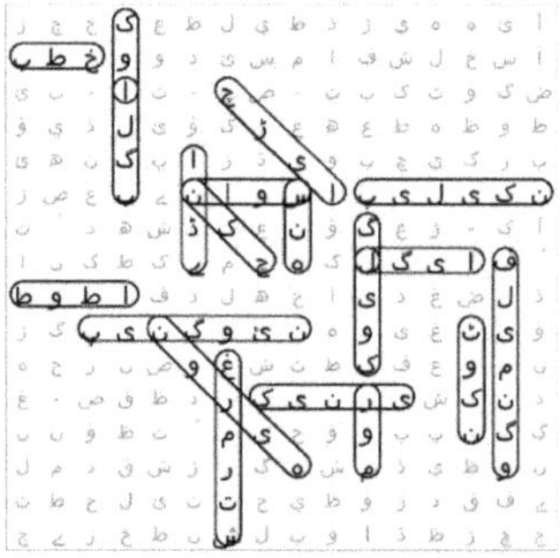

63 - Nutrition

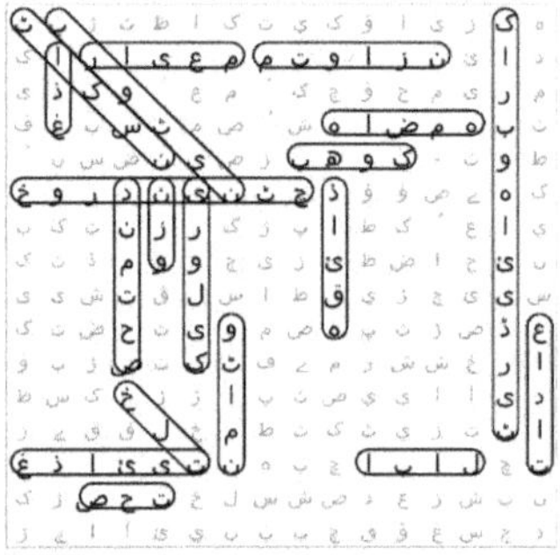

64 - Professions #1

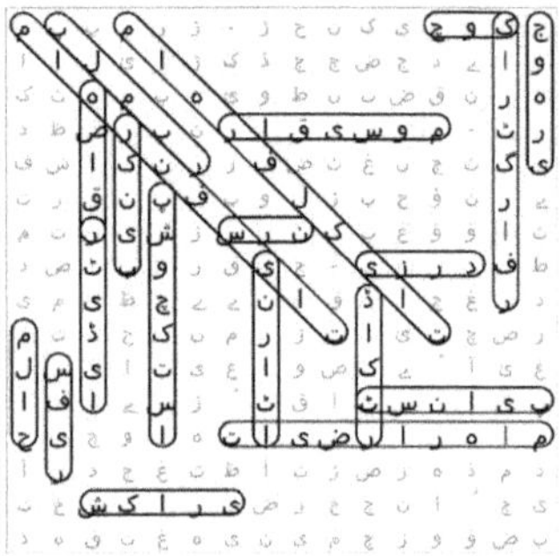

65 - Barbecues

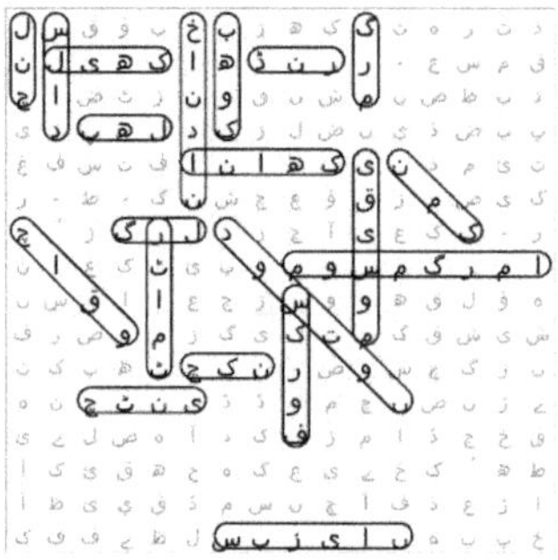

66 - Chocolate

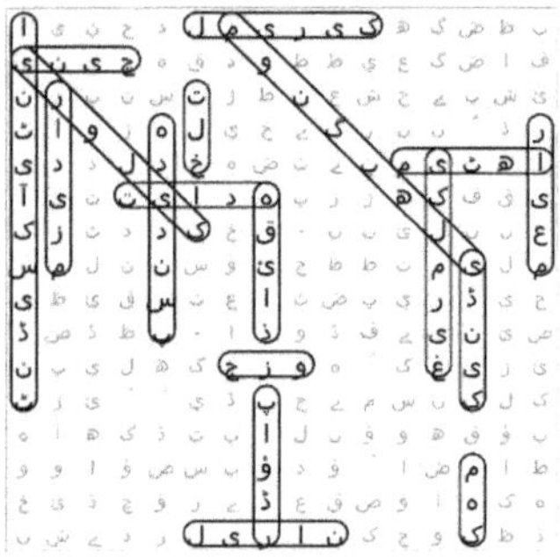

67 - Vegetables

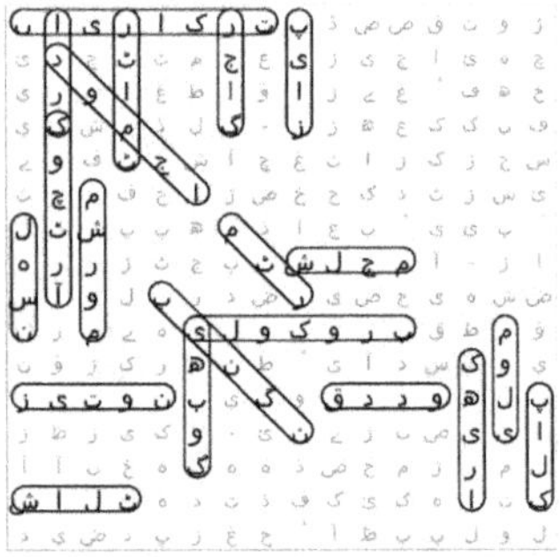

68 - The Media

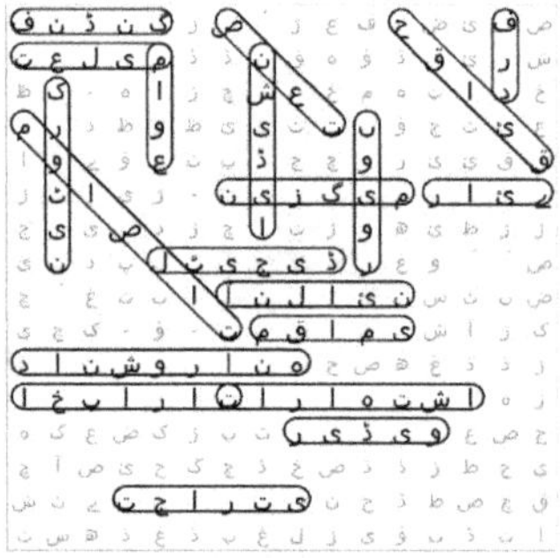

69 - Boats

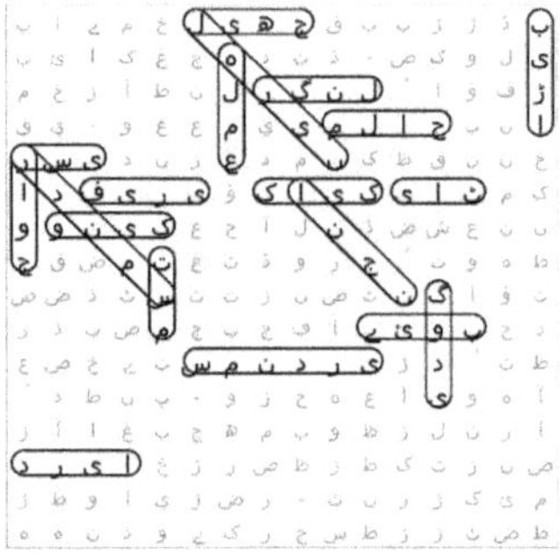

70 - Activities and Leisure

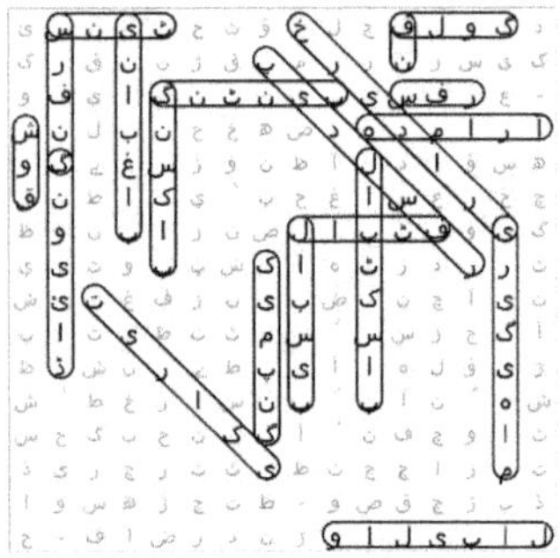

71 - Driving

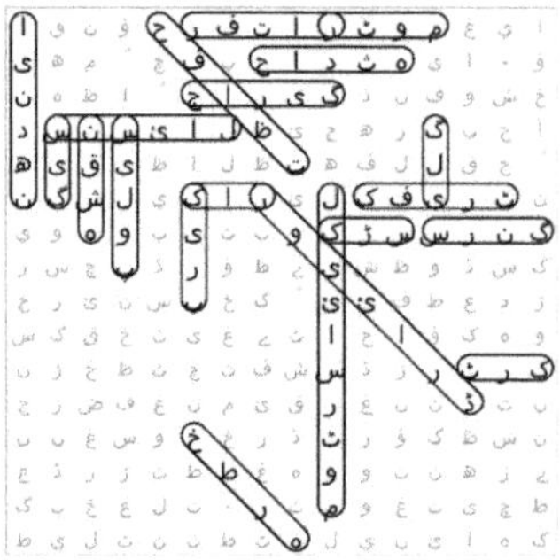

72 - Biology

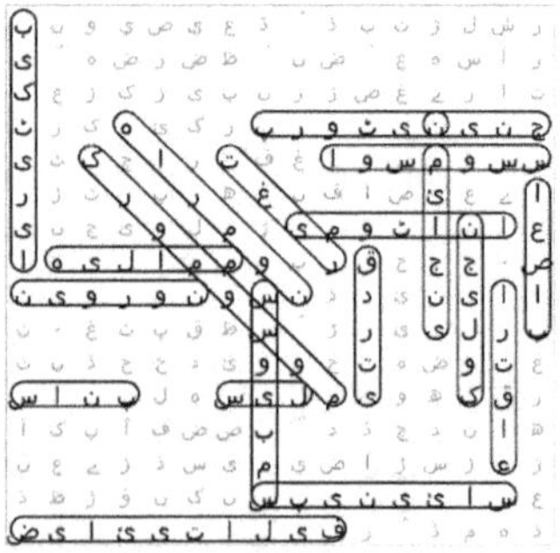

73 - Professions #2

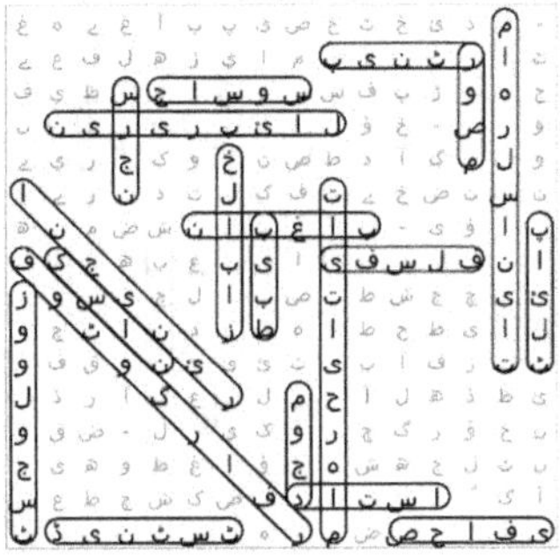

74 - Mythology

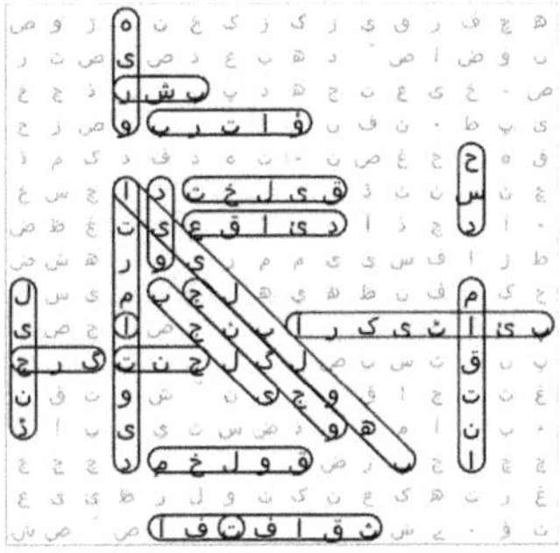

75 - Agronomy

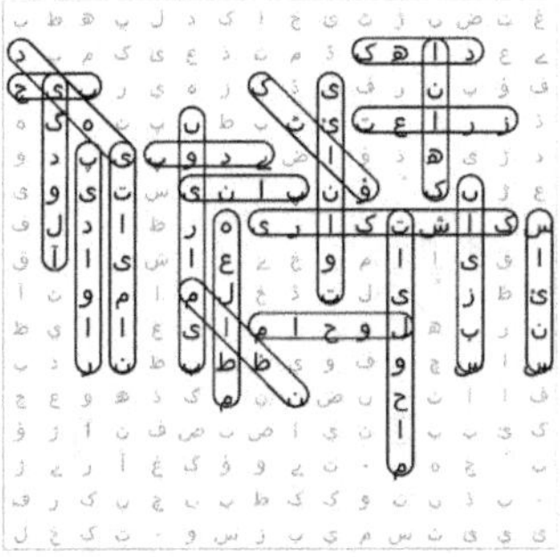

76 - Hair Types

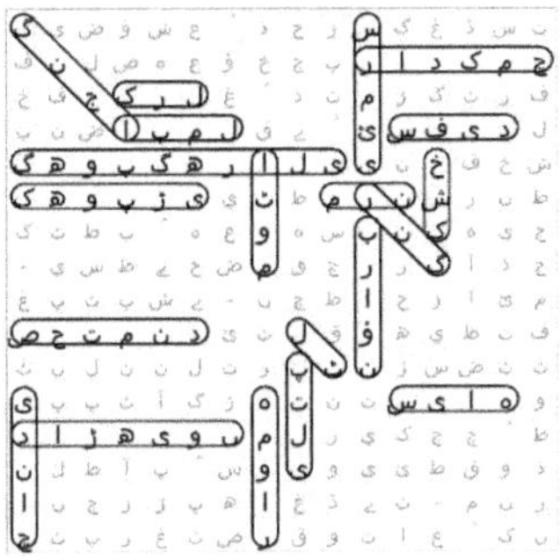

77 - Garden

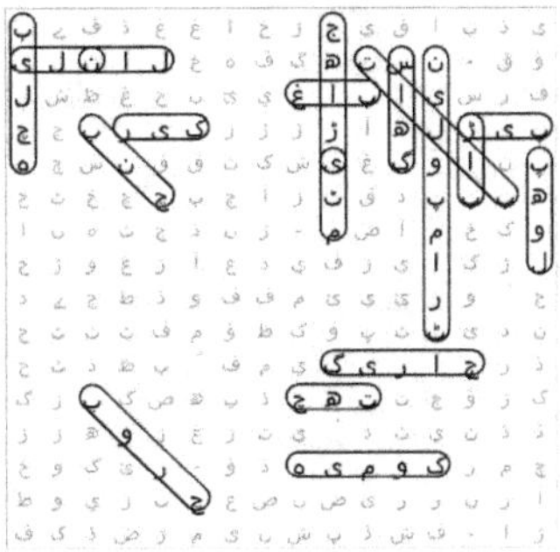

78 - Diplomacy

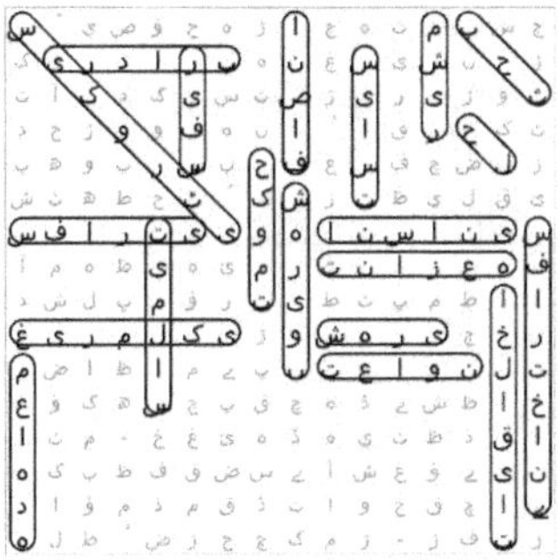

79 - Countries #1

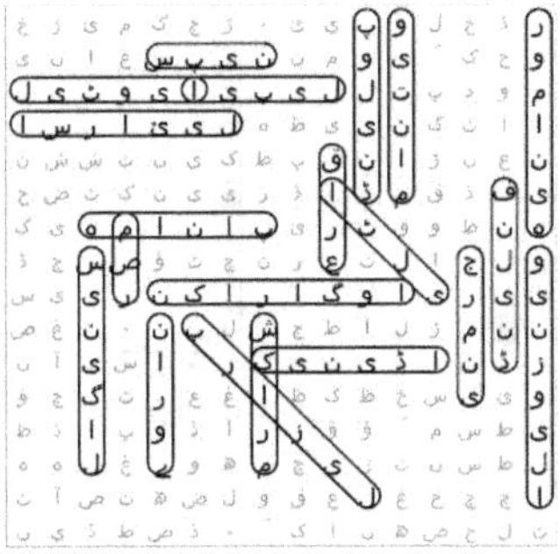

80 - Adjectives #1

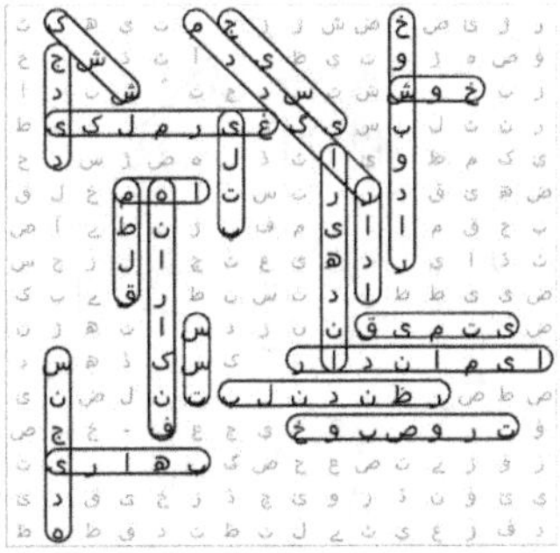

81 - Technology

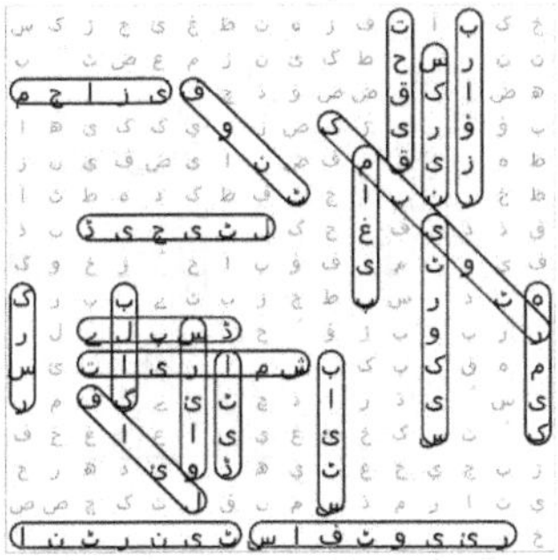

82 - Global Warming

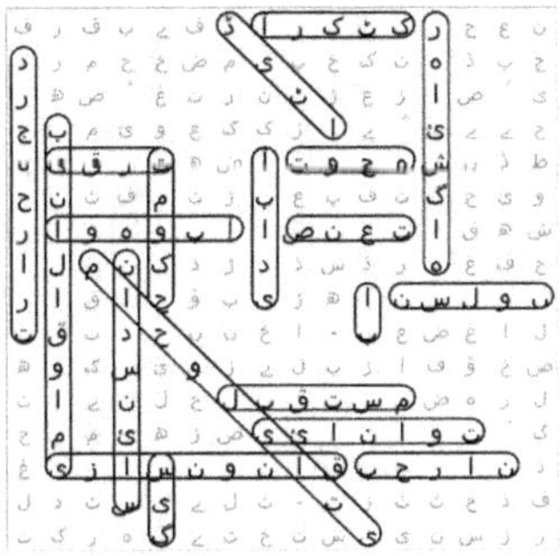

83 - Landscapes

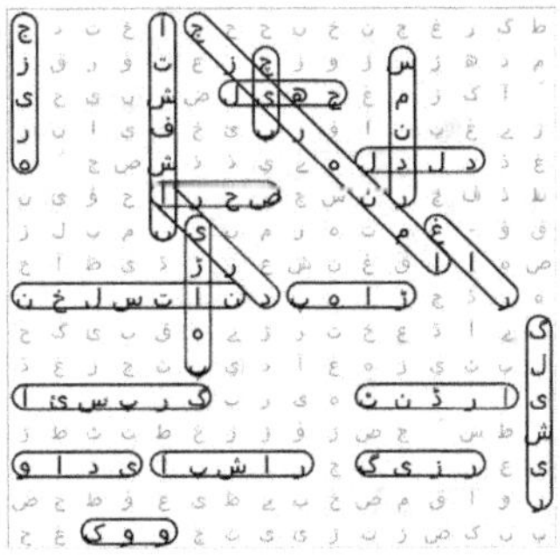

84 - Visual Arts

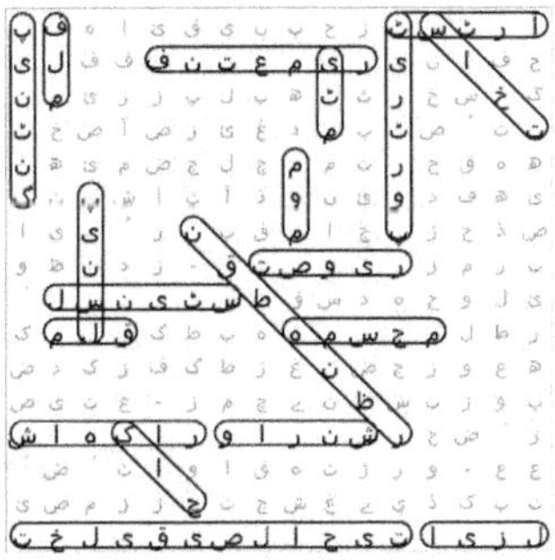

85 - Plants

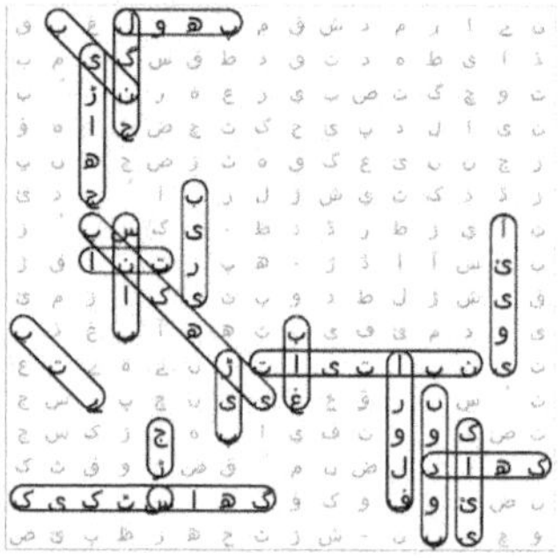

86 - Boxing

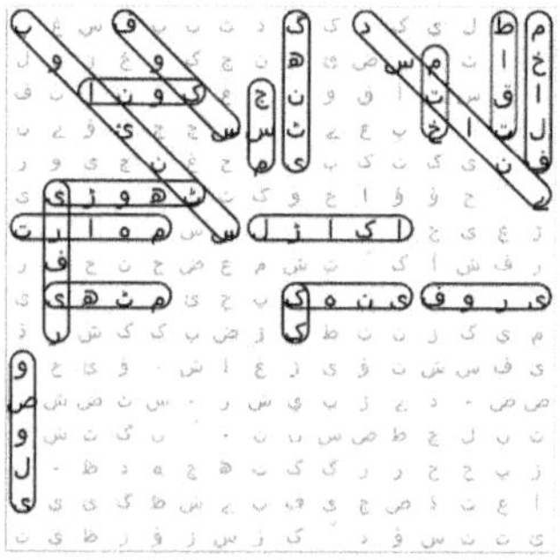

87 - Countries #2

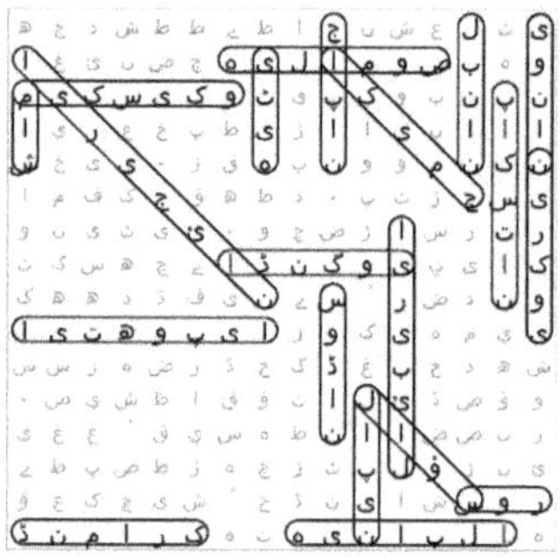

88 - Ecology

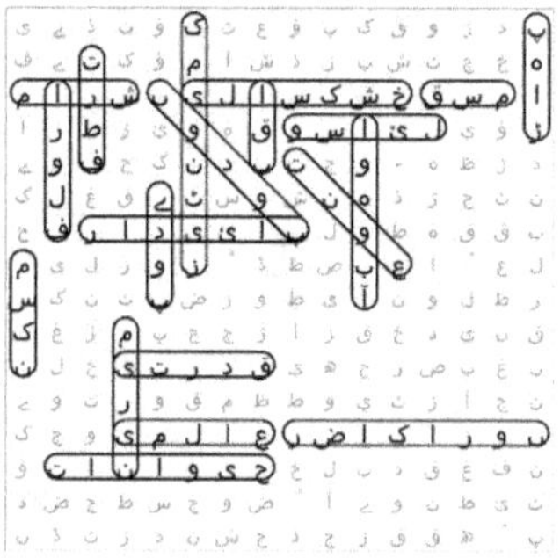

89 - Adjectives #2

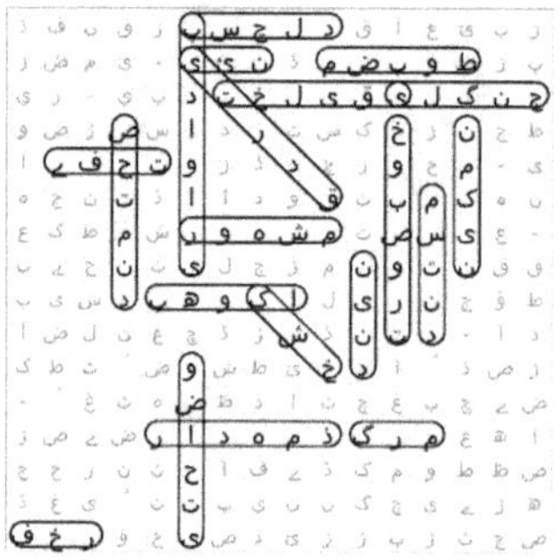

90 - Psychology

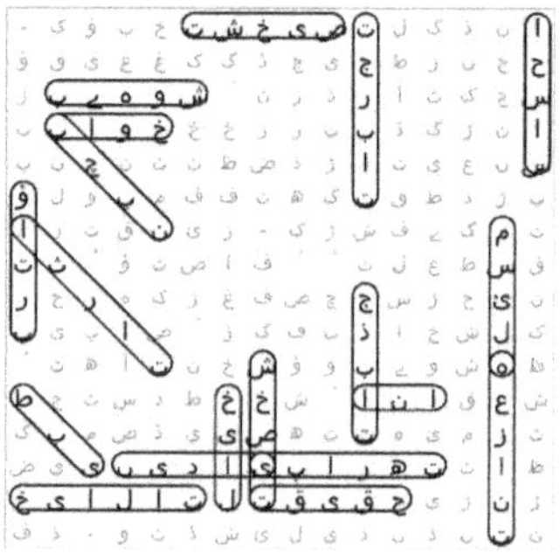

91 - Math

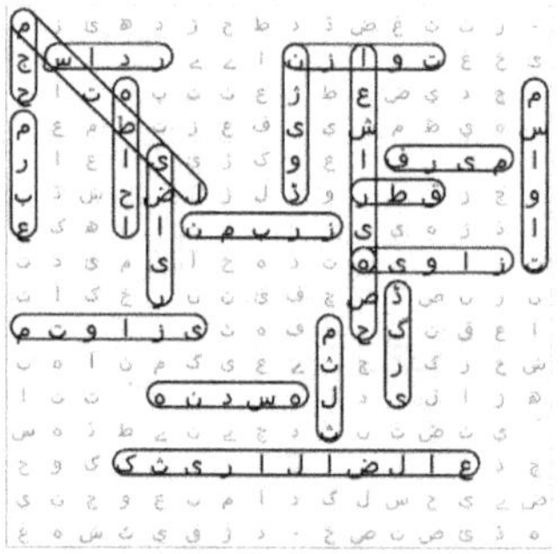

92 - Activities

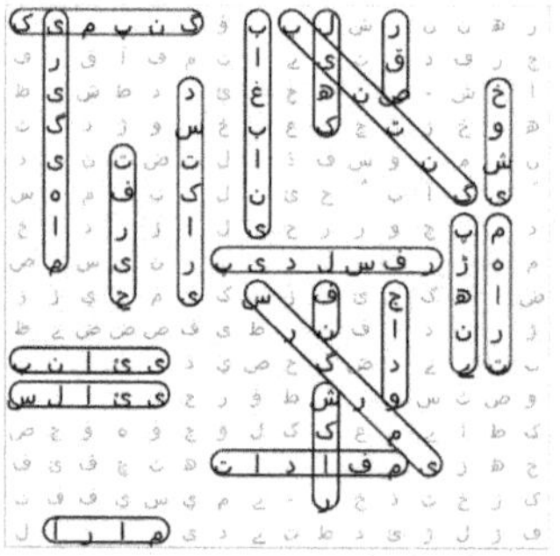

93 - Business

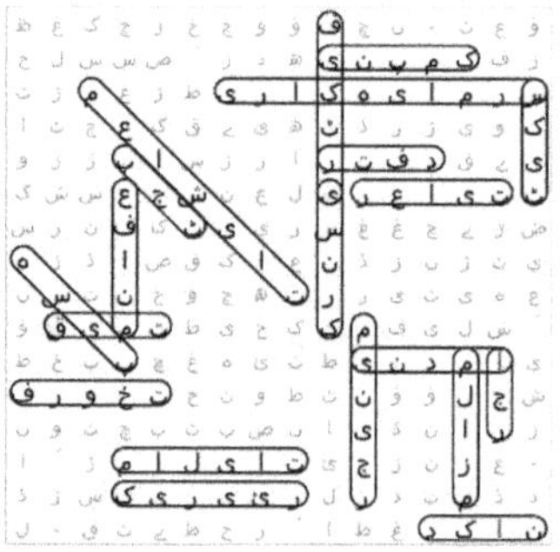

94 - The Company

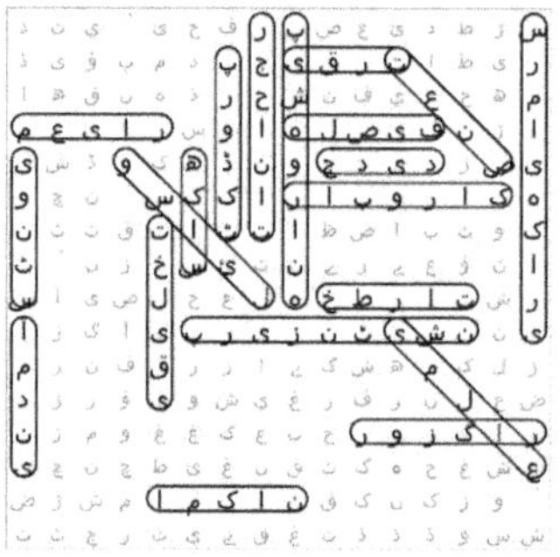

95 - Literature

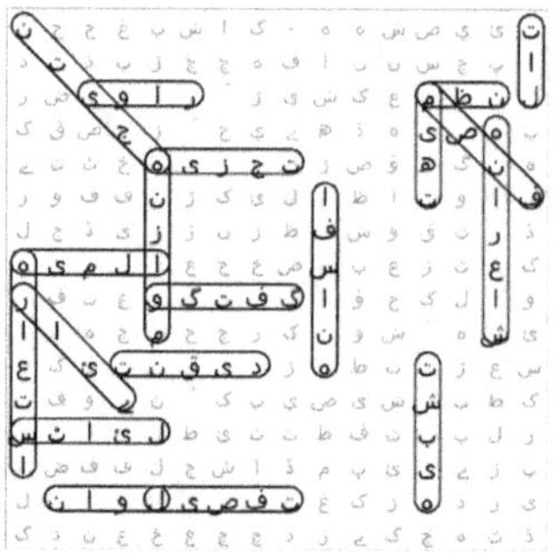

96 - Geography

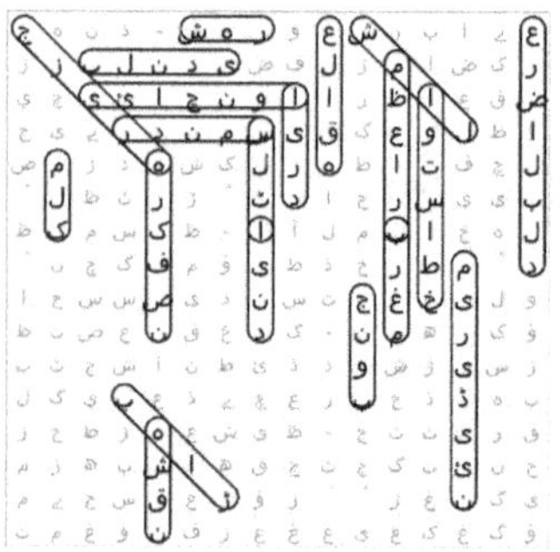

97 - Jazz

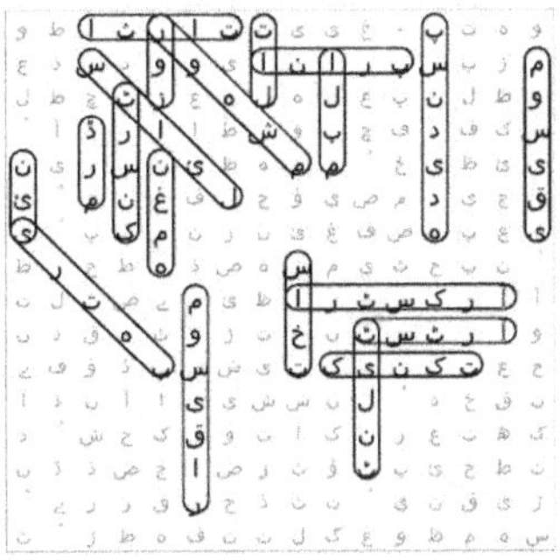

98 - Nature

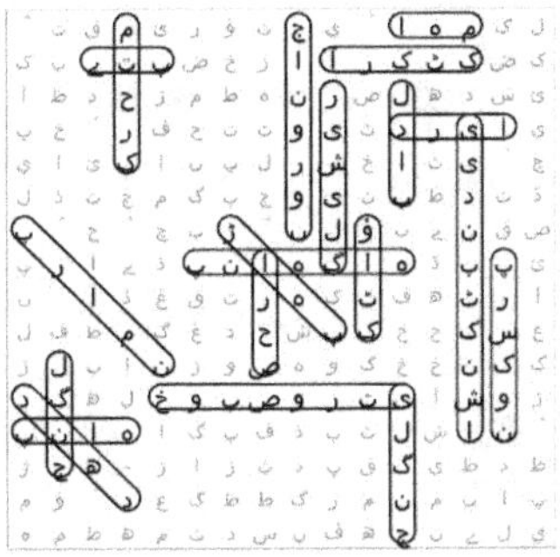

99 - Vacation #2

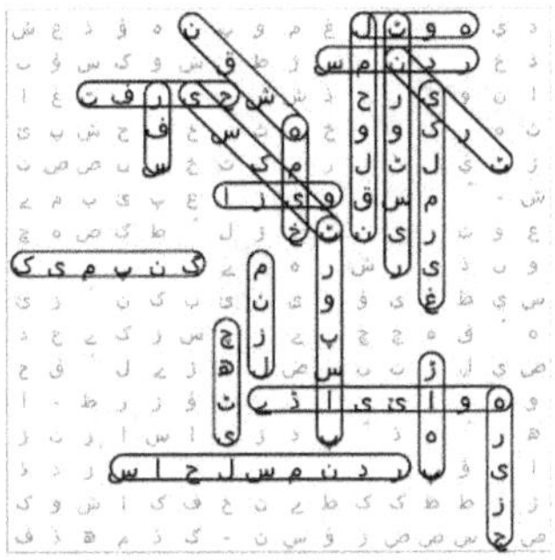

100 - Electricity

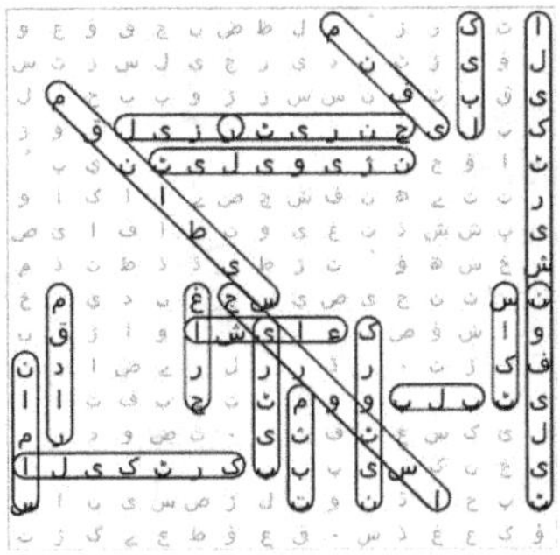

Dictionary

Activities
سرگرمیاں

Activity	سرگرمی
Art	فن
Camping	کیمپنگ
Crafts	دستکاری
Dancing	رقص
Fishing	ماہی گیری
Games	کھیل
Gardening	باغبانی
Hiking	پیدل سفر
Hunting	شکار
Interests	مفادات
Knitting	بنائی
Leisure	تفریح
Magic	جادو
Painting	پینٹنگ
Pleasure	خوشی
Reading	پڑھنے
Relaxation	آرام
Sewing	سلائی
Skill	مہارت

Activities and Leisure
سرگرمیاں اور تفریح

Art	فن
Baseball	بیس بال
Basketball	باسکٹ بال
Boxing	باکسنگ
Camping	کیمپنگ
Diving	ڈائیونگ
Fishing	ماہی گیری
Gardening	باغبانی
Golf	گولف
Hiking	پیدل سفر
Hobbies	شوق
Painting	پینٹنگ
Relaxing	آرام دہ
Shopping	خریداری
Soccer	فٹ بال
Surfing	سرفنگ
Swimming	تیراکی
Tennis	ٹینس
Travel	سفر
Volleyball	والی بال

Adjectives #1
اسم صفت #1

Absolute	مطلق
Ambitious	بلند نظر
Aromatic	خوشبودار
Artistic	فنکارانہ
Attractive	کشش
Beautiful	خوبصورت
Dark	اندھیرا
Exotic	غیر ملکی
Generous	ادار
Happy	خوش
Heavy	بھاری
Helpful	مددگار
Honest	ایماندار
Identical	جیسی
Important	اہم
Modern	جدید
Serious	سنجیدہ
Slow	سست
Thin	پتلی
Valuable	قیمتی

Adjectives #2
اسم صفت #2

Authentic	مستند
Creative	تخلیقی
Descriptive	وضاحتی
Dry	خشک
Elegant	خوبصورت
Famous	مشہور
Gifted	تحفے
Healthy	صحت مند
Hot	گرم
Hungry	بھوکا
Interesting	دلچسپ
Natural	قدرتی
New	نئی
Productive	پیداواری
Proud	فخر
Responsible	ذمہ دار
Salty	نمکین
Sleepy	نیند
Strong	مضبوط
Wild	جنگلی

Adventure
ساہسک

Activity	سرگرمی
Beauty	خوبصورتی
Bravery	بہادری
Chance	موقع
Dangerous	خطرناک
Destination	منزل
Difficulty	مشکل
Enthusiasm	جوش
Excursion	گھومنے پھرنے
Friends	دوستوں
Joy	خوشی
Nature	فطرت
Navigation	نیویگیشن
New	نئی
Preparation	تیاری
Safety	حفاظت
Travels	سفر
Unusual	غیر معمولی

Agronomy
زراعت

Agriculture	زراعت
Diseases	بیماریوں
Ecology	ماحولیات
Energy	توانائی
Environment	ماحول
Erosion	کٹاؤ
Farming	کاشتکاری
Fertilizer	کھاد
Food	کھانا
Organic	نامیاتی
Plants	پودے
Pollution	آلودگی
Production	پیداوار
Rural	دیہی
Science	سائنس
Seeds	بیج
Study	مطالعہ
Systems	نظام
Vegetables	سبزیاں
Water	پانی

Airplanes
زاہج یئاوہ

Adventure	کس۔اس
Air	اوہ
Atmosphere	لوحام
Balloon	ہرابغ
Construction	تعمیر
Crew	ہلمع
Descent	لوزن
Design	ڈیزائن
Direction	تمس
Engine	انجن
Fuel	ایندھن
Height	اونچائی
History	خیرات
Hydrogen	ہائیڈروجن
Landing	لینڈنگ
Passenger	مسافر
Pilot	پائلٹ
Propellers	پروپیلر
Sky	آسمان
Turbulence	ہماگنہ

Algebra
الجبرا

Diagram	آریھ
Division	ڈویژن
Equation	مساوات
Factor	عنصر
False	غلط
Formula	فارمولا
Fraction	ہصح
Graph	گراف
Infinite	لامحدود
Linear	لکیری
Matrix	میٹرکس
Number	تعداد
Parenthesis	قوسین
Problem	مسئلہ
Quantity	مقدار
Simplify	آسان بنائیں
Solution	حل
Subtraction	گھٹاؤ
Variable	متغیر
Zero	صفر

Antarctica
انٹارکٹیکا

Bay	بے
Birds	پرندوں
Clouds	بادل
Conservation	تحفظ
Continent	براعظم
Cove	کوو
Environment	ماحول
Expedition	مہم
Geography	ہیفارغج
Glaciers	گلیشیئر
Ice	برف
Islands	جزائر
Migration	منتقلی
Peninsula	جزیرہ نما
Researcher	محقق
Rocky	پتھریلا
Scientific	سائنسی
Temperature	درجہ حرارت
Topography	ٹپوگرافی
Water	پانی

Antiques
نوادرات

Art	فن
Auction	نیلامی
Authentic	مستند
Century	صدی
Coins	سکے
Collector	کلیکٹر
Decorative	آرائشی
Elegant	خوبصورت
Furniture	فرنیچر
Gallery	گیلری
Investment	سرمایہ کاری
Old	پرانا
Paintings	پینٹنگز
Price	قیمت
Quality	معیار
Restoration	بحالی
Sculpture	مجسمہ
Style	سٹائل
Unusual	غیر معمولی

Archeology
آثار قدیمہ

Analysis	تجزیہ
Ancient	قدیم
Bones	ہڈیاں
Civilization	تہذیب
Descendant	اولاد
Era	دور
Evaluation	تشخیص
Expert	ماہر
Findings	نتائج
Forgotten	بھول
Fossil	فوسل
Fragments	ٹکڑے
Mystery	اسرار
Objects	اشیاء
Relic	تبرک
Researcher	محقق
Team	ٹیم
Temple	مندر
Tomb	قبر
Unknown	نامعلوم

Astronomy
فلکیات

Asteroid	سیارچہ
Astronaut	خلاباز
Astronomer	ماہر فلکیات
Constellation	نکشتر
Cosmos	برہمانڈ
Earth	زمین
Eclipse	گرہن
Equinox	ویشوو
Galaxy	کہکشاں
Meteor	ریٹیوم
Moon	چاند
Nebula	نیبولا
Observatory	آبزرویٹری
Planet	سیارہ
Radiation	تابکاری
Rocket	راکٹ
Satellite	سیٹلائٹ
Sky	آسمان
Supernova	سپرنووا
Zodiac	رقم

Ballet
بیلے

Artistic	فنکارانہ
Audience	سامعین
Choreography	کوریوگرافی
Composer	موسیقار
Dancers	رقاص
Expressive	اظہار
Gesture	اشارہ
Intensity	شدت
Lessons	اسباق
Muscles	پٹھوں
Music	موسیقی
Orchestra	آرکسٹرا
Rehearsal	ریہرسل
Rhythm	تال
Skill	مہارت
Solo	سولو
Style	سٹائل
Technique	تکنیک

Barbecues
باربی کیو

Chicken	چکن
Dinner	ڈنر
Family	خاندان
Food	کھانا
Forks	فورکس
Friends	دوستوں
Fruit	پھل
Games	کھیل
Grill	گرل
Hot	گرم
Hunger	بھوک
Knives	چاقو
Lunch	لنچ
Music	موسیقی
Salads	سلاد
Salt	نمک
Sauce	چٹنی
Summer	موسم گرما
Tomatoes	ٹماٹر
Vegetables	سبزیاں

Beauty
خوبصورتی

Color	رنگ
Cosmetics	کاسمیٹکس
Curls	کرل
Elegance	خوبصورتی
Elegant	خوبصورت
Fragrance	خوشبو
Lipstick	لپ اسٹک
Mascara	کاجل
Mirror	آئینہ
Oils	تیل
Photogenic	پرکشش
Products	مصنوعات
Scissors	قینچی
Services	خدمات
Shampoo	شیمپو
Skin	جلد
Smooth	ہموار
Stylist	اسٹائلسٹ

Bees
مکھیوں

Beneficial	فائدہ مند
Blossom	کھلنا
Diversity	تنوع
Flowers	پھول
Food	کھانا
Fruit	پھل
Garden	باغ
Habitat	مسکن
Hive	چھتا
Honey	شہد
Insect	کیڑے
Plants	پودے
Pollen	جرگ
Pollinator	پراگندہ
Queen	ملکہ
Smoke	دھواں
Sun	سورج
Swarm	بھیڑ
Wax	موم
Wings	پنکھ

Biology
حیاتیات

Anatomy	اناٹومی
Bacteria	بیکٹیریا
Cell	سیل
Chromosome	کروموسوم
Collagen	کولیجن
Embryo	جنین
Enzyme	انزائم
Evolution	ارتقاء
Hormone	ہارمون
Mammal	ممالیہ
Mutation	تغیر
Natural	قدرتی
Nerve	اعصاب
Neuron	نیوران
Osmosis	اوسموسس
Photosynthesis	ضیائی تالیف
Protein	پروٹین
Reptile	سانپ
Symbiosis	سمبیوسس
Synapse	سیناپس

Birds
پرندوں

Canary	کینری
Chicken	چکن
Crow	کوا
Cuckoo	کویل
Duck	بطخ
Eagle	ایگل
Egg	انڈے
Flamingo	فلیمنگو
Goose	ہنس
Gull	گل
Heron	ہنوری
Ostrich	شتر مرغ
Parrot	طوطا
Peacock	مور
Pelican	پیلیکن
Penguin	پینگوئن
Sparrow	چڑیا
Stork	بگلا
Swan	سوان
Toucan	ٹوکن

Boats

کشتیاں

Anchor	لنگر
Buoy	بوئے
Canoe	کینو
Crew	عملہ
Dock	گودی
Engine	انجن
Ferry	فیری
Kayak	کایک
Lake	جھیل
Mast	مست
Nautical	سمندری
Raft	بیڑا
River	دریا
Rope	رسی
Sailor	ملاح
Sea	سمندر
Tide	جوار
Waves	لہریں
Yacht	یاٹ

Books

کتابیں

Adventure	ساہسک
Author	مصنف
Character	کردار
Collection	مجموعہ
Duality	دوہریپن
Epic	رزمی
Historical	تاریخی
Humorous	مزاحیہ
Inventive	اختراعی
Literary	ادبی
Narrator	راوی
Novel	ناول
Page	صفحہ
Poem	نظم
Poetry	شاعری
Reader	ریڈر
Relevant	متعلقہ
Series	سیریز
Story	کہانی
Tragic	المناک

Boxing

باکسنگ

Bell	گھنٹی
Body	جسم
Chin	ٹھوڑی
Corner	کونا
Elbow	کہنی
Exhausted	ختم
Fighter	لڑاکا
Fist	مٹھی
Focus	فوکس
Gloves	دستانے
Kick	کک
Opponent	مخالف
Points	پوائنٹس
Quick	فوری
Recovery	وصولی
Referee	ریفری
Skill	مہارت
Strength	طاقت

Buildings

عمارات

Apartment	اپارٹمنٹ
Barn	بارن
Cabin	کیبن
Castle	قلعہ
Cinema	سینما
Embassy	سفارت خانے
Factory	فیکٹری
Hospital	ہسپتال
Hostel	ہاسٹل
Hotel	ہوٹل
Laboratory	لیبارٹری
Museum	میوزیم
Observatory	آبزرویٹری
School	اسکول
Stadium	اسٹیڈیم
Supermarket	سپر مارکیٹ
Tent	خیمہ
Theater	تھیٹر
Tower	ٹاور
University	یونیورسٹی

Business

کاروبار

Budget	بجٹ
Career	کیریئر
Company	کمپنی
Cost	قیمت
Currency	کرنسی
Discount	رعایت
Economics	معاشیات
Employee	ملازم
Employer	آجر
Factory	فیکٹری
Finance	مالیات
Income	آمدنی
Investment	سرمایہ کاری
Manager	مینیجر
Money	پیسہ
Office	دفتر
Profit	منافع
Sale	فروخت
Shop	دکان
Taxes	ٹیکس

Camping

کیمپنگ

Adventure	ساہسک
Animals	جانوروں
Cabin	کیبن
Canoe	کینو
Compass	کمپاس
Fire	آگ
Forest	جنگل
Fun	مزہ
Hammock	ہیموک
Hat	ٹوپی
Hunting	شکار
Insect	کیڑے
Lake	جھیل
Map	نقشہ
Moon	چاند
Mountain	پہاڑ
Nature	فطرت
Rope	رسی
Tent	خیمہ
Trees	درختوں

Chemistry
کیمسٹری

Acid	ایسڈ
Alkaline	الکلائن
Carbon	کاربن
Catalyst	محرک
Chlorine	کلورین
Electron	برقیہ
Enzyme	انزائم
Gas	گیس
Heat	گرمی
Hydrogen	ہائیڈروجن
Ion	آئن
Liquid	مائع
Metals	دھاتیں
Molecule	سالمہ
Nuclear	جوہری
Organic	نامیاتی
Oxygen	آکسیجن
Salt	نمک
Temperature	درجہ حرارت
Weight	وزن

Chess
شطرنج

Black	سیاہ
Champion	چیمپئن
Clever	ہوشیار
Contest	مقابلہ
Diagonal	قطری
Game	کھیل
King	بادشاہ
Opponent	مخالف
Passive	غیر فعال
Player	پلیئر
Points	پوائنٹس
Queen	ملکہ
Rules	قواعد
Sacrifice	قربانی
Strategy	حکمت عملی
Time	وقت
Tournament	ٹورنامنٹ
White	سفید

Chocolate
چاکلیٹ

Antioxidant	اینٹی آکسیڈنٹ
Aroma	مہک
Bitter	تلخ
Calories	کیلوریز
Candy	کینڈی
Caramel	کیریمل
Coconut	ناریل
Delicious	مزیدار
Exotic	غیر ملکی
Favorite	پسندیدہ
Ingredient	جزو
Peanuts	مونگ پھلی
Powder	پاؤڈر
Quality	معیار
Recipe	ہدایت
Sugar	چینی
Sweet	میٹھا
Taste	ذائقہ

Clothes
کپڑے

Apron	تہبند
Belt	بیلٹ
Blouse	بلاؤز
Bracelet	کڑا
Coat	کوٹ
Dress	لباس
Fashion	فیشن
Gloves	دستانے
Hat	ٹوپی
Jacket	جیکٹ
Jeans	جینز
Necklace	ہار
Pajamas	پاجامے
Pants	پتلون
Sandals	سینڈل
Scarf	اسکارف
Shirt	قمیض
Shoe	جوتا
Skirt	اسکرٹ
Sweater	سویٹر

Coffee
کافی

Aroma	مہک
Beverage	مشروب
Bitter	تلخ
Black	سیاہ
Caffeine	کیفین
Cream	کریم
Cup	کپ
Filter	فلٹر
Flavor	ذائقہ
Grind	پیسنا
Liquid	مائع
Milk	دودھ
Morning	صبح
Origin	اصل
Price	قیمت
Sugar	چینی
Variety	قسم
Water	پانی

Colors
رنگوں

Beige	بیج
Black	سیاہ
Blue	نیلا
Brown	براؤن
Crimson	کرمسن
Cyan	سیان
Fuchsia	فوچسیا
Green	سبز
Grey	گرے
Indigo	انڈگو
Magenta	میجنٹا
Orange	سنتری
Pink	گلابی
Purple	جامنی
Red	سرخ
Sepia	سیپیا
Violet	وائلیٹ
White	سفید
Yellow	پیلا

Countries #1
ممالک #1

Brazil	برازیل
Canada	کینیڈا
Egypt	مصر
Finland	فن لینڈ
Germany	جرمنی
Iraq	عراق
Israel	اسرائیل
Italy	اٹلی
Latvia	لیٹویا
Libya	لیبیا
Morocco	مراکش
Nicaragua	نکاراگوا
Norway	ناروے
Panama	پاناما
Poland	پولینڈ
Romania	رومانیہ
Senegal	سینیگال
Spain	سپین
Venezuela	وینزویلا
Vietnam	ویتنام

Countries #2
ممالک #2

Albania	البانیہ
Denmark	ڈنمارک
Ethiopia	ایتھوپیا
Greece	یونان
Haiti	ہیٹی
Jamaica	جمیکا
Japan	جاپان
Laos	لاؤس
Lebanon	لبنان
Liberia	لائبیریا
Mexico	میکسیکو
Nepal	نیپال
Nigeria	نائجیریا
Pakistan	پاکستان
Russia	روس
Somalia	صومالیہ
Sudan	سوڈان
Syria	شام
Uganda	یوگنڈا
Ukraine	یوکرین

Creativity
تخلیقی

Artistic	فنکارانہ
Authenticity	صداقت
Clarity	وضاحت
Dramatic	ڈرامائی
Emotions	جذبات
Expression	اظہار
Feelings	احساسات
Ideas	خیالات
Image	تصویر
Imagination	تخیل
Inspiration	پریرتا
Intensity	شدت
Intuition	انترجشتھان
Inventive	اختراعی
Sensation	احساس
Skill	مہارت
Spontaneous	اچانک
Vitality	زندگی

Days and Months
دن اور مہینے

April	اپریل
August	اگست
Calendar	کیلنڈر
February	فروری
Friday	جمعہ
January	جنوری
July	جولائی
March	مارچ
May	مئی
Monday	پیر
Month	ماہ
November	نومبر
October	اکتوبر
Saturday	ہفتہ
September	ستمبر
Sunday	اتوار
Thursday	جمعرات
Tuesday	منگل
Wednesday	بدھ
Year	سال

Diplomacy
سفارتکاری

Adviser	مشیر
Ambassador	سفیر
Citizens	شہریوں
Civic	شہری
Community	برادری
Conflict	تنازعہ
Cooperation	تعاون
Diplomatic	سفارتی
Discussion	بحث
Embassy	سفارت خانے
Ethics	اخلاقیات
Foreign	غیر ملکی
Government	حکومت
Humanitarian	انسانی
Integrity	سالمیت
Justice	انصاف
Politics	سیاست
Security	سیکورٹی
Solution	حل
Treaty	معاہدہ

Disease
بیماری

Abdominal	پیٹ
Acute	شدید
Allergies	الرجی
Bacterial	بیکٹیریل
Body	جسم
Bones	ہڈیوں
Chronic	دائمی
Contagious	متعدی
Genetic	جینیاتی
Health	صحت
Heart	دل
Hereditary	موروثی
Immunity	استثنی
Inflammation	سوزش
Pathogens	زنجیجوھتیپ
Pulmonary	پلمونری
Respiratory	سانس
Syndrome	سنڈروم
Therapy	تھراپی
Weak	کمزور

Driving
ڈرائیونگ

Accident	حادثہ
Brakes	بریک
Car	کار
Danger	خطرہ
Driver	ڈرائیور
Fuel	ایندھن
Garage	گیراج
Gas	گیس
License	لائسنس
Map	نقشہ
Motor	موٹر
Motorcycle	موٹر سائیکل
Police	پولیس
Road	سڑک
Safety	حفاظت
Speed	رفتار
Street	گلی
Traffic	ٹریفک
Truck	ٹرک
Tunnel	سرنگ

Ecology
ماحولیات

Climate	آب و ہوا
Communities	کمیونٹیز
Diversity	تنوع
Drought	خشک سالی
Fauna	حیوانات
Flora	فلورا
Global	عالمی
Habitat	مسکن
Marine	میرین
Marsh	مارش
Mountains	پہاڑ
Natural	قدرتی
Nature	فطرت
Plants	پودے
Resources	وسائل
Survival	بقا
Sustainable	پائیدار
Variety	قسم
Vegetation	پودوں
Volunteers	رضاکاروں

Electricity
بجلی

Battery	بیٹری
Bulb	بلب
Cable	کیبل
Electric	الیکٹرک
Electrician	الیکٹریشن
Equipment	سامان
Generator	جنریٹر
Lamp	چراغ
Laser	لیزر
Magnet	مقناطیس
Negative	منفی
Network	نیٹ ورک
Objects	اشیاء
Positive	مثبت
Quantity	مقدار
Socket	ساکٹ
Storage	اسٹوریج
Telephone	ٹیلی فون
Television	ٹیلی ویژن

Energy
توانائی

Battery	بیٹری
Carbon	کاربن
Diesel	ڈیزل
Electric	الیکٹرک
Electron	برقیہ
Engine	انجن
Entropy	اینٹروپی
Environment	ماحول
Fuel	ایندھن
Gasoline	پیٹرول
Heat	گرمی
Hydrogen	ہائیڈروجن
Industry	صنعت
Motor	موٹر
Nuclear	جوہری
Photon	فوٹون
Pollution	آلودگی
Renewable	قابل تجدید
Turbine	ٹربائن
Wind	ہوا

Engineering
انجینئرنگ

Angle	زاویہ
Axis	محور
Calculation	حساب
Construction	تعمیر
Depth	گہرائی
Diagram	آریھ
Diameter	قطر
Diesel	ڈیزل
Distribution	تقسیم
Energy	توانائی
Engine	انجن
Friction	رگڑ
Levers	لیور
Liquid	مائع
Machine	مشین
Measurement	پیمائش
Motor	موٹر
Stability	استحکام
Strength	طاقت
Structure	ساخت

Ethics
اخلاقیات

Altruism	بے نفسی
Compassion	ہمدردی
Cooperation	تعاون
Dignity	وقار
Diplomatic	سفارتی
Honesty	ایمانداری
Humanity	انسانیت
Individualism	انفرادیت
Integrity	سالمیت
Kindness	احسان
Optimism	رجائیت
Patience	صبر
Philosophy	فلسفہ
Rationality	عقلیت
Realism	حقیقت پسندی
Reasonable	معقول
Respectful	احترام
Tolerance	رواداری
Wisdom	حکمت

Family
خاندان

Ancestor	پرکھا
Aunt	چاچی
Brother	بھائی
Child	بچہ
Childhood	بچپن
Cousin	کزن
Daughter	بیٹی
Father	باپ
Grandchild	پوتا
Grandfather	دادا
Grandmother	دادی
Husband	شوہر
Mother	ماں
Nephew	بھتیجے
Niece	بھتیجی
Paternal	پدرانہ
Sister	بہن
Uncle	چچا
Wife	بیوی

Farm #1
فارم #1

Agriculture	زراعت
Bee	مکھی
Bison	بائسن
Calf	بچھڑا
Cat	بلی
Chicken	چکن
Cow	گائے
Crow	کوا
Dog	کتا
Donkey	گدھا
Fence	باڑ
Fertilizer	کھاد
Field	فیلڈ
Goat	بکری
Hay	گھاس
Honey	شہد
Horse	گھوڑا
Rice	چاول
Seeds	بیج
Water	پانی

Farm #2
فارم #2

Animals	جانوروں
Barley	جو
Barn	بارن
Corn	مکئی
Duck	بطخ
Farmer	کسان
Food	کھانا
Fruit	پھل
Irrigation	آبپاشی
Lamb	برہ
Llama	لاما
Meadow	میڈو
Milk	دودھ
Orchard	باغ
Sheep	بھیڑ
Tractor	ٹریکٹر
Vegetable	سبزی
Wheat	گندم

Fashion
فیشن

Affordable	سستی
Boutique	دکان
Buttons	بٹن
Clothing	کپڑے
Elegant	خوبصورت
Embroidery	کڑھائی
Expensive	مہنگا
Lace	لیس
Measurements	پیمائش
Modern	جدید
Modest	معمولی
Original	اصل
Pattern	نمونہ
Practical	عملی
Simple	سادہ
Sophisticated	نفیس
Style	سٹائل
Texture	بنت
Trend	رجحان

Food #1
خوراک #1

Apricot	خوبانی
Barley	جو
Basil	تلسی
Carrot	گاجر
Cinnamon	دار چینی
Garlic	لہسن
Juice	رس
Lemon	نیبو
Milk	دودھ
Onion	پیاز
Peanut	مونگفلی
Pear	ناشپاتی
Salad	ترکاریاں
Salt	نمک
Soup	سوپ
Spinach	پالک
Strawberry	اسٹرابیری
Sugar	چینی
Tuna	ٹونا
Turnip	شلجم

Food #2
خوراک #2

Apple	سیب
Artichoke	آرٹچوک
Banana	کیلا
Broccoli	بروکولی
Celery	اجمود
Cheese	پنیر
Cherry	چیری
Chicken	چکن
Chocolate	چاکلیٹ
Egg	انڈے
Eggplant	بینگن
Fish	مچھلی
Grape	انگور
Ham	ہیم
Kiwi	کیوی
Mushroom	مشروم
Rice	چاول
Tomato	ٹماٹر
Wheat	گندم
Yogurt	دہی

Force and Gravity
قوت اور کشش ثقل

Axis	محور
Center	مرکز
Discovery	دریافت
Distance	فاصلے
Dynamic	متحرک
Expansion	توسیع
Friction	رگڑ
Impact	اثر
Magnetism	مقناطیسیت
Mechanics	میکینکس
Motion	حرکت
Orbit	مدار
Physics	طبیعیات
Planets	سیارے
Pressure	دباؤ
Speed	رفتار
Time	وقت
Universal	عالمگیر
Weight	وزن

Fruit
پھل

Apple	سیب
Apricot	خوبانی
Avocado	ایواکاڈو
Banana	کیلا
Berry	بیری
Cherry	چیری
Coconut	ناریل
Fig	انجیر
Grape	انگور
Guava	امرود
Kiwi	کیوی
Lemon	لیموں
Mango	آم
Melon	تربوز
Nectarine	نیکٹرائن
Papaya	پپیتا
Peach	آڑو
Pear	ناشپاتی
Pineapple	انناس
Raspberry	توُت

Garden
باغ

Bench	بنچ
Bush	جھاڑی
Fence	باڑ
Flower	پھول
Garage	گیراج
Garden	باغ
Grass	گھاس
Hammock	ہیموک
Hose	نلی
Lawn	لان
Pond	تالاب
Porch	پورچ
Rake	ریک
Shovel	بیلچہ
Soil	مٹی
Terrace	چھت
Trampoline	ٹرامپولین
Tree	پیڑ

Gardening
باغبانی

Blossom	کھلنا
Botanical	نباتاتی
Bouquet	گلدستہ
Climate	آب و ہوا
Compost	کھاد
Container	کنٹینر
Dirt	گندگی
Edible	خوردنی
Exotic	غیر ملکی
Floral	پھول
Foliage	پتے
Hose	نلی
Leaf	پتی
Moisture	نمی
Orchard	باغ
Seasonal	موسمی
Seeds	بیج
Soil	مٹی
Water	پانی

Geography
جغرافیہ

Altitude	اونچائی
Atlas	اٹلس
City	شہر
Continent	براعظم
Country	ملک
Elevation	بلندی
Equator	خط استوا
Hemisphere	نصف کرہ
Island	جزیرہ
Latitude	عرض البلد
Map	نقشہ
Meridian	میریڈیئن
Mountain	پہاڑ
North	شمال
River	دریا
Sea	سمندر
South	جنوب
Territory	علاقہ
West	مغرب
World	دنیا

Geology
ارضیات

Acid	ایسڈ
Calcium	کیلشیم
Cavern	غار
Continent	براعظم
Coral	کورل
Crystals	کرسٹل
Cycles	سائیکل
Earthquake	زلزلہ
Erosion	کٹاؤ
Fossil	فوسل
Geyser	گیزر
Lava	لاوا
Layer	پرت
Minerals	معدنیات
Plateau	پلیٹاؤ
Quartz	کوارٹز
Salt	نمک
Stalactite	اسٹالاکٹائٹ
Stone	پتھر
Volcano	آتش فشاں

Geometry
جیومیٹری

Angle	زاویہ
Calculation	حساب
Circle	دائرہ
Curve	خم
Diameter	قطر
Dimension	طول و عرض
Equation	مساوات
Height	اونچائی
Horizontal	افقی
Logic	منطق
Mass	بڑے پیمانے پر
Median	وسط
Number	تعداد
Parallel	متوازی
Proportion	تناسب
Segment	سیگمنٹ
Surface	سطح
Symmetry	توازن
Theory	نظریہ
Triangle	مثلث

Global Warming
عالمی وارمنگ

Arctic	آرکٹک
Attention	توجہ
Climate	آب و ہوا
Crisis	بحران
Data	ڈیٹا
Development	ترقی
Energy	توانائی
Environmental	ماحولیاتی
Future	مستقبل
Gas	گیس
Generations	نسلوں
Government	حکومت
Habitats	رہائش گاہ
Industry	صنعت
International	بین الاقوامی
Legislation	قانون سازی
Now	اب
Populations	آبادی
Scientist	سائنسدان
Temperatures	درجہ حرارت

Government
حکومت

Citizenship	شہریت
Civil	سول
Constitution	آئین
Democracy	جمہوریت
Discussion	بحث
District	ضلع
Equality	مساوات
Judicial	عدالتی
Justice	انصاف
Law	قانون
Legal	قانونی
Liberty	آزادی
Monument	یادگار
Nation	قوم
National	قومی
Peaceful	پرامن
Politics	سیاست
Speech	تقریر
State	حالت
Symbol	علامت

Hair Types
بالوں کی اقسام

Bald	گنجا
Black	سیاہ
Braided	لٹ
Braids	داڑھویں
Brown	براؤن
Colored	رنگ
Curls	کرل
Curly	گھوبگھرالی
Dry	خشک
Gray	سرمئی
Healthy	صحت مند
Long	لمبا
Scalp	کھوپڑی
Shiny	چمکدار
Silver	چاندی
Smooth	ہموار
Soft	نرم
Thick	موٹا
Thin	پتلی
White	سفید

Health and Wellness #1
صحت اور فلاح و بہبود #1

Active	فعال
Bacteria	بیکٹیریا
Bones	ہڈیوں
Clinic	کلینک
Doctor	ڈاکٹر
Fracture	فریکچر
Habit	عادت
Height	اونچائی
Hormones	ہارمونز
Hunger	بھوک
Medicine	طب
Muscles	پٹھوں
Nerves	اعصاب
Pharmacy	فارمیسی
Reflex	اضطراری
Relaxation	آرام
Skin	جلد
Therapy	تھراپی
Treatment	علاج
Virus	وائرس

Health and Wellness #2
صحت اور فلاح و بہبود #2

Allergy	الرجی
Anatomy	اناٹومی
Appetite	بھوک
Blood	خون
Calorie	کیلوری
Dehydration	پانی کی کمی
Diet	غذا
Disease	بیماری
Energy	توانائی
Genetics	جینیات
Healthy	صحت مند
Hospital	ہسپتال
Hygiene	حفظان صحت
Infection	انفیکشن
Massage	مساج
Nutrition	غذائیت
Recovery	وصولی
Stress	تناؤ
Vitamin	وٹامن
Weight	وزن

Herbalism
ہربلزم

Aromatic	خوشبودار
Basil	تلسی
Beneficial	فائدہ مند
Culinary	پاک
Fennel	سونف
Flavor	ذائقہ
Flower	پھول
Garden	باغ
Garlic	لہسن
Green	سبز
Ingredient	جزو
Lavender	لیونڈر
Marjoram	کٹھرا
Mint	ٹکسال
Oregano	اوریگانو
Parsley	اجمود
Plant	پلانٹ
Rosemary	دونی
Saffron	زعفران
Tarragon	طرخان

House
ہاؤس

Attic	اٹاری
Broom	جھاڑو
Curtains	پردے
Door	دروازہ
Fence	باڑ
Fireplace	چمنی
Floor	فرش
Furniture	فرنیچر
Garage	گیراج
Garden	باغ
Keys	چابیاں
Kitchen	باورچی خانہ
Lamp	چراغ
Library	لائبریری
Mirror	آئینہ
Roof	چھت
Room	کمرہ
Shower	شاور
Wall	دیوار
Window	ونڈو

Human Body
انسانی جسم

Ankle	ٹخنوں
Blood	خون
Bones	ہڈیوں
Brain	دماغ
Chin	ٹھوڑی
Ear	کان
Elbow	کہنی
Face	چہرہ
Finger	انگلی
Hand	ہاتھ
Head	سر
Heart	دل
Jaw	جبڑے
Knee	گھٹنا
Leg	ٹانگ
Mouth	منہ
Neck	گردن
Nose	ناک
Shoulder	کندھے
Skin	جلد

Jazz
جاز

Album	البم
Artist	آرٹسٹ
Composer	موسیقار
Composition	ساخت
Concert	کنسرٹ
Drums	ڈرم
Emphasis	زور
Famous	مشہور
Favorites	پسندیدہ
Improvisation	بہتری
Influences	اثرات
Music	موسیقی
New	نئی
Old	پرانا
Orchestra	آرکسٹرا
Rhythm	تال
Song	نغمہ
Style	سٹائل
Talent	ٹیلنٹ
Technique	تکنیک

Landscapes
مناظر

Beach	بیچ
Cave	غار
Cove	کوو
Desert	صحرا
Geyser	گیزر
Glacier	گلیشیر
Hill	پہاڑی
Iceberg	آئس برگ
Island	جزیرہ
Lake	جھیل
Mountain	پہاڑ
Oasis	نخلستان
Peninsula	جزیرہ نما
River	دریا
Sea	سمندر
Swamp	دلدل
Tundra	ٹنڈرا
Valley	وادی
Volcano	آتش فشاں
Waterfall	آبشار

Literature
ادب

Analogy	تشبیہ
Analysis	تجزیہ
Author	مصنف
Comparison	موازنہ
Conclusion	نتیجہ
Critique	تنقید
Description	تفصیل
Dialogue	گفتگو
Fiction	افسانہ
Metaphor	استعارہ
Narrator	راوی
Novel	ناول
Opinion	رائے
Poem	نظم
Poetic	شاعرانہ
Rhythm	تال
Style	سٹائل
Theme	تھیم
Tragedy	المیہ

Mammals
ستنپیاں

Bear	ھچیر
Beaver	رویب
Bull	بیل
Cat	بلی
Coyote	کویوٹ
Dog	کتا
Dolphin	ڈولفن
Elephant	ہاتھی
Fox	لومڑی
Giraffe	زرافہ
Gorilla	گوریلا
Horse	گھوڑا
Kangaroo	کنگارو
Lion	شیر
Monkey	بندر
Rabbit	خرگوش
Sheep	بھیڑ
Whale	وہیل
Wolf	بھیڑیا
Zebra	زیبرا

Math
ریاضی

Angles	زاویہ
Arithmetic	ریاضی
Circumference	فریم
Decimal	اعشاریہ
Degrees	ڈگری
Diameter	قطر
Division	ڈویژن
Equation	مساوات
Fraction	حصہ
Geometry	ہندسہ
Numbers	نمبر
Parallel	متوازی
Perimeter	احاطہ
Polygon	کثیرالاضلاع
Radius	رداس
Rectangle	مستطیل
Square	مربع
Symmetry	توازن
Triangle	مثلث
Volume	حجم

Measurements
پیمائش

Byte	بائٹ
Centimeter	سینٹی میٹر
Decimal	اعشاریہ
Degree	ڈگری
Depth	گہرائی
Gram	گرام
Height	اونچائی
Inch	انچ
Kilogram	کلوگرام
Kilometer	کلومیٹر
Length	لمبائی
Liter	لیٹر
Mass	بڑے پیمانے پر
Meter	میٹر
Minute	منٹ
Ounce	اونس
Ton	ٹن
Volume	حجم
Weight	وزن
Width	چوڑائی

Meditation
مراقبہ

Acceptance	قبولیت
Attention	توجہ
Awake	بیدار
Calm	پرسکون
Clarity	وضاحت
Compassion	ہمدردی
Emotions	جذبات
Gratitude	شکرگزاری
Habits	عادات
Happiness	خوشی
Kindness	احسان
Mental	ذہنی
Mind	دماغ
Movement	حرکت
Music	موسیقی
Nature	فطرت
Peace	امن
Perspective	نقطہ نظر
Silence	خاموشی
Thoughts	خیالات

Music
موسیقی

Album	البم
Ballad	بیلڈ
Chorus	کورس
Classical	کلاسیکی
Harmonic	ہارمونک
Harmony	ہم آہنگی
Instrument	آلہ
Lyrical	گیت
Melody	میلوڈی
Microphone	مائیکروفون
Musical	موسیقی
Musician	موسیقار
Opera	اوپیرا
Poetic	شاعرانہ
Recording	ریکارڈنگ
Rhythm	تال
Sing	گانا
Singer	گلوکار
Tempo	ٹیمپو
Vocal	مخر

Mythology
افسانہ

Archetype	آرکیٹائپ
Behavior	برتاؤ
Beliefs	عقائد
Creation	تخلیق
Creature	مخلوق
Culture	ثقافت
Deities	دیوتا
Disaster	آفت
Heaven	جنت
Hero	ہیرو
Immortality	امرتا
Jealousy	حسد
Labyrinth	بھولبلییا
Legend	ڈنجیل
Lightning	بجلی
Monster	دیو
Mortal	بشر
Revenge	انتقام
Thunder	گرج
Warrior	جنگجو

Nature
ترطف

Animals	ںوروناج
Arctic	کٹکرآ
Beauty	یتروصبوخ
Clouds	لداب
Desert	ارحص
Dynamic	کرحتم
Erosion	ؤاٹک
Fog	دنھد
Foliage	ےتپ
Forest	لگنج
Glacier	ریشیلگ
Mountains	ڑاہپ
Peaceful	نمارپ
River	ایرد
Sanctuary	ہاگ ہانپ
Serene	نوکسرپ
Shelter	ہانپ
Tropical	ییدنبٹکنشا
Vital	مہا
Wild	یلگنج

Numbers
زربمن

Decimal	ہیراشعا
Eight	ھٹآ
Eighteen	ہراھٹا
Fifteen	ہردنپ
Five	چناپ
Four	راچ
Fourteen	ہدوچ
Nine	ون
Nineteen	سینا
One	کیا
Seven	تاس
Seventeen	ہرتس
Six	ھچ
Sixteen	ہلوس
Ten	سد
Thirteen	ہریت
Three	نیت
Twelve	ہراب
Twenty	سیب
Two	ود

Nutrition
تیئاذغ

Appetite	کوھب
Balanced	نزاوتم
Bitter	خلت
Calories	یرولیک
Carbohydrates	ٹیرڈیئاہوبراک
Diet	اذغ
Digestion	ہمضاہ
Edible	یندروخ
Fermentation	لابا
Flavor	ہقئاذ
Habits	تاداع
Health	تحص
Healthy	دنم تحص
Nutrient	تیئاذغ
Proteins	نیٹورپ
Quality	رایعم
Sauce	ینٹچ
Toxin	نسکاٹ
Vitamin	نماٹو
Weight	نزو

Ocean
ردنمس

Algae	بلاحط
Boat	یتشک
Coral	لروک
Dolphin	نفلوڈ
Eel	لئ
Fish	یلھچم
Jellyfish	شفیلیج
Octopus	سپٹکآ
Oyster	یتکش
Reef	فیر
Salt	کمن
Shark	کراش
Shrimp	ےڑکیک
Sponge	جنپس
Storm	نافوط
Tides	زڈیئاٹ
Tuna	انوٹ
Turtle	یھچک
Waves	ںیرہل
Whale	لیہو

Philanthropy
یتسود ناسنا

Charity	ہقدص
Community	یردارب
Contacts	ےطبار
Donate	ہیطع
Finance	تایلام
Funds	زڈنف
Generosity	تواخس
Global	یملاع
Goals	دصاقم
Groups	ںوپورگ
History	خیرات
Honesty	یرادنامیا
Humanity	تیناسنا
Mission	نشم
Need	ترورض
People	گول
Programs	مارگورپ
Public	ماوع
Youth	ںوناوجون

Physics
تایعیبط

Acceleration	تعرس
Atom	مٹیا
Chaos	یرفتارفا
Chemical	یئایمیک
Density	تفاثک
Electron	ہیقرب
Engine	نجنا
Expansion	عیسوت
Formula	الومراف
Frequency	ددعت
Gas	سیگ
Magnetism	تیسیطانقم
Mass	رپ ےنامیپ ےڑب
Mechanics	سکنیکیم
Molecule	ہملاس
Nuclear	یرہوج
Particle	ہرذ
Relativity	تبسن
Speed	راتفر
Universal	ریگملاع

Plants
پودوں

Bamboo	بانس
Bean	بین
Berry	بیری
Botany	نباتیات
Bush	جھاڑی
Cactus	کیکٹس
Fertilizer	کھاد
Flora	فلورا
Flower	پھول
Foliage	پتے
Forest	جنگل
Garden	باغ
Grass	گھاس
Ivy	آئیوی
Moss	کائی
Petal	پنکھڑی
Root	جڑ
Stem	تنا
Tree	پیڑ
Vegetation	پودوں

Professions #1
کاروباری اداروں #1

Ambassador	سفیر
Astronomer	ماہر فلکیات
Attorney	اٹارنی
Banker	بینکر
Cartographer	کارٹوگرافر
Coach	کوچ
Dancer	رقاصہ
Doctor	ڈاکٹر
Editor	ایڈیٹر
Geologist	ماہر ارضیات
Hunter	شکاری
Jeweler	جوہری
Musician	موسیقار
Nurse	نرس
Pianist	پیانسٹ
Plumber	پلمبر
Psychologist	ماہر نفسیات
Sailor	ملاح
Tailor	درزی
Veterinarian	پشوچکتسا

Professions #2
کاروباری اداروں #2

Astronaut	خلاباز
Biologist	ماہر حیاتیات
Dentist	ڈینٹسٹ
Detective	جاسوس
Engineer	انجینئر
Farmer	کسان
Gardener	باغبان
Illustrator	مصور
Inventor	موجد
Journalist	صحافی
Librarian	لائبریرین
Linguist	ماہر لسانیات
Painter	پینٹر
Philosopher	فلسفی
Photographer	فوٹوگرافر
Physician	طبیب
Pilot	پائلٹ
Surgeon	سرجن
Teacher	استاد
Zoologist	زوولوجسٹ

Psychology
نفسیات

Assessment	تشخیص
Behavior	برتاؤ
Childhood	بچپن
Clinical	طبی
Conflict	تنازعہ
Dreams	خواب
Ego	انا
Emotions	جذبات
Experiences	تجربات
Influences	اثرات
Memories	یادیں
Perception	خیال
Personality	شخصیت
Problem	مسئلہ
Reality	حقیقت
Sensation	احساس
Therapy	تھراپی
Thoughts	خیالات
Unconscious	بے ہوش

Restaurant #2
ریسٹورنٹ #2

Beverage	مشروب
Cake	کیک
Chair	کرسی
Delicious	مزیدار
Dinner	ڈنر
Eggs	انڈے
Fish	مچھلی
Fork	کانٹا
Fruit	پھل
Ice	برف
Lunch	لنچ
Noodles	نوڈلز
Salad	ترکاریاں
Salt	نمک
Soup	سوپ
Spices	مصالحے
Spoon	چمچ
Vegetables	سبزیاں
Waiter	ویٹر
Water	پانی

Science
سائنس

Atom	ایٹم
Chemical	کیمیائی
Climate	آب و ہوا
Data	ڈیٹا
Evolution	ارتقاء
Experiment	تجربہ
Fact	حقیقت
Fossil	فوسل
Gravity	کشش ثقل
Hypothesis	مفروضہ
Laboratory	لیبارٹری
Method	طریقہ
Minerals	معدنیات
Nature	فطرت
Observation	مشاہدہ
Particles	ذرات
Physics	طبیعیات
Plants	پودے
Scientist	سائنسدان

Science Fiction
سائنس افسانہ

Atomic	جوہری
Books	کتابیں
Chemicals	کیمیکل
Cinema	سنیما
Clones	کلون
Dystopia	ڈسٹوپیا
Explosion	دھماکے
Extreme	انتہائی
Fire	آگ
Futuristic	مستقبل
Galaxy	کہکشاں
Illusion	برم
Imaginary	خیالی
Mysterious	پراسرار
Oracle	اوریکل
Planet	سیارہ
Robots	روبوٹ
Technology	ٹیکنالوجی
Utopia	یوٹوپیا
World	دنیا

Scientific Disciplines
سائنسی مضامین

Anatomy	اناٹومی
Archaeology	آثار قدیمہ
Astronomy	فلکیات
Biochemistry	بایو کیمسٹری
Biology	حیاتیات
Botany	نباتیات
Chemistry	کیمسٹری
Ecology	ماحولیات
Geology	ارضیات
Immunology	امیونولوجی
Kinesiology	کینیسیالوجی
Linguistics	لسانیات
Mechanics	میکینکس
Mineralogy	معدنیات
Neurology	نیورولوجی
Physiology	عضویات
Psychology	نفسیات
Sociology	سوشیالوجی
Thermodynamics	حرحرکیات
Zoology	حیوانیات

Shapes
شکلیں

Arc	آرک
Circle	دائرہ
Cone	مخروط
Corner	کونا
Cube	کیوب
Curve	خم
Cylinder	سلنڈر
Edges	کناروں
Ellipse	بیضوی
Hyperbola	ہائپربولا
Line	لائن
Oval	اوول
Polygon	کثیر الاضلاع
Prism	پرزم
Pyramid	پرامڈ
Rectangle	مستطیل
Round	گول
Side	طرف
Square	مربع
Triangle	مثلث

Spices
مصالحے

Anise	انیس
Bitter	تلخ
Cardamom	الائچی
Cinnamon	دار چینی
Clove	لونگ
Coriander	دھنیا
Cumin	جیرا
Curry	کری
Fennel	سونف
Fenugreek	میتھی
Flavor	ذائقہ
Garlic	لہسن
Ginger	ادرک
Nutmeg	جائفل
Onion	پیاز
Paprika	پیپریکا
Saffron	زعفران
Salt	نمک
Sweet	میٹھا
Vanilla	ونیلا

Technology
ٹیکنالوجی

Blog	بلاگ
Browser	براؤزر
Bytes	بائٹس
Camera	کیمرہ
Computer	کمپیوٹر
Cursor	کرسر
Data	ڈیٹا
Digital	ڈیجیٹل
Display	ڈسپلے
File	فائل
Font	فونٹ
Internet	انٹرنیٹ
Message	پیغام
Research	تحقیق
Screen	سکرین
Security	سیکورٹی
Software	سافٹ ویئر
Statistics	شماریات
Virtual	مجازی
Virus	وائرس

The Company
کمپنی

Business	کاروبار
Creative	تخلیقی
Decision	فیصلہ
Employment	روزگار
Global	عالمی
Industry	صنعت
Innovative	جدید
Investment	سرمایہ کاری
Possibility	امکان
Presentation	پریزنٹیشن
Product	پروڈکٹ
Professional	پیشہ ورانہ
Progress	ترقی
Quality	معیار
Reputation	ساکھ
Resources	وسائل
Revenue	آمدنی
Risks	خطرات
Trends	رجحانات
Units	یونٹس

The Media
میڈیا

Advertisements	اشتہارات
Attitudes	رویوں
Commercial	تجارتی
Communication	مواصلات
Digital	ڈیجیٹل
Edition	ایڈیشن
Education	تعلیم
Facts	حقائق
Funding	فنڈنگ
Individual	فرد
Industry	صنعت
Intellectual	دانشورانہ
Local	مقامی
Magazines	میگزین
Network	نیٹ ورک
Newspapers	اخبارات
Online	آن لائن
Opinion	رائے
Public	عوام
Radio	ریڈیو

Time
وقت

Annual	سالانہ
Before	پہلے
Calendar	کیلنڈر
Century	صدی
Clock	گھڑی
Day	دن
Decade	دہائی
Early	ابتدائی
Future	مستقبل
Hour	گھنٹہ
Minute	منٹ
Month	ماہ
Morning	صبح
Night	رات
Noon	دوپہر
Now	اب
Today	آج
Week	ہفتہ
Year	سال
Yesterday	کل

To Fill
بھرنے کے لئے

Bag	بیگ
Barrel	بیرل
Basin	بیسن
Basket	ٹوکری
Bottle	بوتل
Box	ڈبہ
Bucket	بالٹی
Carton	کارٹن
Crate	کریٹ
Drawer	دراز
Envelope	لفافے
Folder	فولڈر
Jar	جار
Packet	پیکٹ
Pocket	جیب
Tray	ٹرے
Tub	ٹب
Tube	ٹیوب
Vase	گلدستے
Vessel	برتن

Town
ٹاؤن

Airport	ہوائی اڈے
Bakery	بیکری
Bank	بینک
Cafe	کیفے
Cinema	سنیما
Clinic	کلینک
Florist	فلورسٹ
Gallery	گیلری
Hotel	ہوٹل
Library	لائبریری
Market	مارکیٹ
Museum	میوزیم
Pharmacy	فارمیسی
School	اسکول
Stadium	اسٹیڈیم
Store	سٹور
Supermarket	سپر مارکیٹ
Theater	تھیٹر
University	یونیورسٹی
Zoo	چڑیا گھر

Universe
کائنات

Asteroid	سیارچہ
Astronomer	ماہر فلکیات
Astronomy	فلکیات
Atmosphere	ماحول
Celestial	آسمانی
Cosmic	کائناتی
Darkness	تاریکی
Equator	خط استوا
Galaxy	کہکشاں
Hemisphere	نصف کرہ
Horizon	افق
Latitude	عرض البلد
Longitude	طول البلد
Moon	چاند
Orbit	مدار
Sky	آسمان
Solar	شمسی
Solstice	تسلط
Telescope	دوربین
Zodiac	رقم

Vacation #2
تعطیل #2

Airport	ہوائی اڈے
Beach	ساحل سمندر
Camping	کیمپنگ
Destination	منزل
Foreigner	غیر ملکی
Holiday	چھٹی
Hotel	ہوٹل
Island	جزیرہ
Journey	سفر
Leisure	تفریح
Map	نقشہ
Mountains	پہاڑ
Passport	پاسپورٹ
Restaurant	ریسٹورنٹ
Sea	سمندر
Taxi	ٹیکسی
Tent	خیمہ
Train	ٹرین
Transportation	نقل و حمل
Visa	ویزا

Vegetables

ںایزبس

Artichoke	کوچٹرآ
Broccoli	یلوکورب
Carrot	رجاگ
Cauliflower	یھبوگ
Celery	دومجا
Cucumber	اریھک
Eggplant	نگنیب
Garlic	نسہل
Ginger	کردا
Mushroom	مورشم
Olive	نوتیز
Onion	زایپ
Pea	رٹم
Pumpkin	وددق
Radish	یلوم
Salad	ںایراکرت
Shallot	ٹلاش
Spinach	کلاپ
Tomato	رٹامٹ
Turnip	مجلش

Vehicles

ںایڑاگ

Airplane	زاہج یئاوہ
Ambulance	سنیلوبمیا
Bicycle	لکیئاس
Boat	یتشک
Bus	سب
Car	راک
Caravan	ہلفاق
Engine	نجنا
Ferry	یریف
Helicopter	رٹپاک یلیہ
Motor	رٹوم
Raft	اڑیب
Rocket	ٹکار
Scooter	رٹوکس
Submarine	زودبآ
Subway	ےو بس
Taxi	یسکیٹ
Tires	رئاٹ
Tractor	رٹکیرٹ
Truck	کرٹ

Visual Arts

سٹرآ یرصب

Architecture	ریمعت نف
Artist	ٹسٹرآ
Chalk	کاچ
Clay	یٹم
Composition	تخاس
Creativity	یقیلخت تیحالص
Easel	لزیا
Film	ملف
Masterpiece	راکہاش
Painting	گنٹنیپ
Pen	ملق
Pencil	لسنیپ
Perspective	رظن ہطقن
Photograph	ریوصت
Portrait	ٹیرٹروپ
Sculpture	ہمسجم
Stencil	لسنیٹس
Varnish	شنراو
Wax	موم

Weather

مسوم

Atmosphere	لوحام
Calm	نوکسرپ
Climate	اوہ و بآ
Cloud	لداب
Drought	یلاس کشخ
Dry	کشخ
Flood	بالیس
Fog	دنھد
Ice	فرب
Lightning	یلجب
Monsoon	نوس نوم
Polar	یبطق
Rainbow	وبنیر
Sky	نامسآ
Storm	نافوط
Temperature	ترارح ہجرد
Thunder	جرگ
Tornado	نافوط
Tropical	ییدنبٹکنشا
Wind	اوہ

Congratulations

You made it!

We hope you enjoyed this book as much as we enjoyed making it. We do our best to make high quality games.
These puzzles are designed in a clever way for you to learn actively while having fun!

Did you love them?

A Simple Request

Our books exist thanks your reviews. Could you help us by leaving one now?

Here is a short link which will take you to your order review page:

BestBooksActivity.com/Review50

MONSTER CHALLENGE!

Challenge #1

Ready for Your Bonus Game? We use them all the time but they are not so easy to find. Here are **Synonyms**!

Note 5 words you discovered in each of the Puzzles noted below (#21, #36, #76) and try to find 2 synonyms for each word.

Note 5 Words from ***Puzzle 21***

Words	Synonym 1	Synonym 2

Note 5 Words from ***Puzzle 36***

Words	Synonym 1	Synonym 2

Note 5 Words from ***Puzzle 76***

Words	Synonym 1	Synonym 2

Challenge #2

Now that you are warmed-up, note 5 words you discovered in each Puzzle noted below (#9, #17, #25) and try to find 2 antonyms for each word. How many lines can you do in 20 minutes?

Note 5 Words from ***Puzzle 9***

Words	Antonym 1	Antonym 2

Note 5 Words from ***Puzzle 17***

Words	Antonym 1	Antonym 2

Note 5 Words from ***Puzzle 25***

Words	Antonym 1	Antonym 2

Challenge #3

Wonderful, this monster  challenge is nothing to you!

Ready for the last one? Choose your 10 favorite words discovered in any of the Puzzles and note them below.

1.	6.
2.	7.
3.	8.
4.	9.
5.	10.

Now, using these words and within a maximum of six sentences, your challenge is to compose a text about a person, animal or place that you love!

Tip: You can use the last blank page of this book as a draft!

Your Writing:

NOTEBOOK:

SEE YOU SOON!

Linguas Classics Team

www.ingramcontent.com/pod-product-compliance
Lightning Source LLC
Chambersburg PA
CBHW082156120626
46553CB00010B/2916
9798896707912